益加益集团创始人

黄运炎自传

YIJIAYI JITUAN CHUANGSHIREN

HUANG YUNYAN ZIZHUAN

黄运炎　著

中国商务出版社
CHINA COMMERCE AND TRADE PRESS

图书在版编目（CIP）数据

益加益集团创始人：黄运炎自传 / 黄运炎著 . —
北京：中国商务出版社，2022.6
ISBN 978 - 7 - 5103 - 4296 - 7

Ⅰ . ①益… Ⅱ . ①黄… Ⅲ . ①黄运炎—自传 Ⅳ .
①K825.38

中国版本图书馆 CIP 数据核字（2022）第 091213 号

益加益集团创始人　黄运炎自传

黄运炎　著

出版发行：中国商务出版社

社　　址：北京市东城区安定门外大街东后巷 28 号　　邮政编码：100710

网　　址：http：//www.cctpress.com

电　　话：010-64212247（总编室）　　010-64515151（事业部）
　　　　　010-64208388（发行部）　　010-64286917（零售电话）

责任编辑：刘姝辰

邮　　箱：349183847@qq.com

开　　本：710 毫米×1000 毫米　1/16

印　　张：14

版　　次：2022 年 6 月第 1 版　　印　　次：2022 年 6 月第 1 次印刷

书　　号：ISBN 978 - 7 - 5103 - 4296 - 7

字　　数：192 千字　　　　　　　　定　　价：78.00 元

献给
所有不甘沉沦的奋斗者

前　言

逆旅人生

在茫茫的中国商海中，黄运炎实在是个名不见经传的小人物，但在湖北省安陆市①，黄氏三兄弟及他们联手打造的"益加益（湖北）粮油机械制造有限公司"（以下简称"益加益公司"），却是个响当当的民营企业。黄运炎是益加益公司的创始人，安陆市第八届、第九届政协委员，还曾担任市工商联副主席、市书法协会副会长等多重社会职务，作为民营企业家入选家乡的《李畈镇志》。

自2008年我与黄氏三兄弟结缘，亲眼见证了益加益公司从小到大、由弱到强的发展过程，深知其中的艰辛与不易，更为三兄弟的创业经历与奋斗精神所折服。

"打虎亲兄弟，上阵父子兵。"

黄氏三兄弟用行动将这句格言的前半句演绎到了极致。益加益公司之所以能从一个起初靠租房经营的小公司，快速成长为拥有数百亩产业园和近千名员工的集团公司，很大程度上得益于三兄弟的齐心协力！

老大黄运炎敢闯敢拼、善于创新，又有扎实的文化功底，负责企业发展决策和企业文化建设；老二黄运超科班出身、务实勤奋，负责生产管理、产品技术研发与创新；老三黄运炼思维敏捷，极具洞察力与行动力，

---

① 安陆市隶属于孝感市。

负责企业业务拓展与营销。

2020 年初，在新冠肺炎疫情肆虐之下，许多行业中的部分中小民营企业举步维艰，裁员、降薪成为常态。彼时的益加益公司也非常艰难，但让益加益公司员工感怀在心的是，在封城闭市无法开工的几个月里，益加益公司不仅没有裁员，而且足额发放薪资。

所有的难，三位老板都默默扛下了。

黄运炎说，企业再难，还能难过那些靠拿工资生活的员工吗？疫情中人家尽心尽力为企业工作，我们不能遇到一点困难就过河拆桥。知恩图报，是他的行事作风。在我的脑海中，有一件事记忆犹新：当年开公司缺钱，贷款无门，他急躁不安。后来一位朋友鼎力相助，借到了两千元创业启动资金。后来他不仅及时还本付息，还额外赠予五万元。朋友为此广为宣传黄运炎的人品好。

企业感恩员工在顺境时的努力工作，员工也感恩企业在困境中的不离不弃。这就让故事有了一个喜剧结尾：复工后，没有一名员工离职，大家都卯足了劲拼命干，以至于在 2020 年如此艰难的大环境下，益加益公司的业绩一路逆势上扬。

在黄氏三兄弟中，黄运炎是思维最活跃、行事最不按常理出牌的一个。也许是身为长子，他总觉得自己理应承担得更多一些。

2020 年，他被推举为"黄氏宗委会会长"，主持编写了《宗文堂黄氏宗谱》。整本宗谱内容多达 748 页，他亲自搜集整理资料、负责主要文章撰写，实现了该族 4000 多位族人数年来的夙愿。

或许是疫情期间居室办公让他有了时间去回望自己的前半生，也许是主编宗谱唤醒了他的写作热情，当然更大的可能是，来自不少身边朋友的鼓励，总之，他用了不到两个月时间，一气呵成写成了本书初稿。

等到快要杀青的时候，一向自信满满的他居然罕见地流露出一丝顾虑：像我这样的小人物，那点创业经历值得一写吗？会有读者喜欢吗？

我在认真读过他的稿子后，发现他果真文如其人，坦诚得可敬。他既不愿掩饰自己的野心与欲望，更不会粉饰自己的不足与过错，甚至面对我的好心提醒"可以对某些事件做些适当修饰与美化"，他说，既然要写，就要写真实。

在这个滤镜漫天飞的时代，"真"，真的奢侈。

黄运炎故事的魅力，除了"真"，还有接地气。

沿着黄运炎的人生轨迹，我们不难窥见大多数出身草根的 60 后民营企业家的影子，他们经历过那场长达十年的浩劫，又成长于社会急剧转型时期，经受过各种思潮的洗礼，遭受的苦难仿佛无边无际。

他是真正的草根企业家，是大时代里的小人物。他失败了无数次，本书绝大部分篇章讲述的都是与失败有关的经历。好在，他也有苏轼那般洒脱的人生态度。

"人生如逆旅，我亦是行人。"

黄运炎不怕输，不怕跌倒，虽屡战屡败而不悔，一次次重振旗鼓，最终收获了属于他的成功——那唯一的一次成功，又脱胎于无数次的失败。

有趣的是，青年黄运炎出走故乡安陆，沿着"宜昌—荆州—武汉—深圳—北京"走了一圈，中年黄运炎最终又回到了故乡安陆。不同的是，出发时他一文不名，归来时已梦想成真——心中难舍的故土情结，让他以独特的方式画出了属于他自己的"圆满"。

或许，黄运炎的成功不可复制，但他屡败屡战、永不服输的精神值得学习。他于困境中的拼搏努力、在逆境中的乐观向上，或许能为正处于困惑中的奋斗者们提供一些借鉴。

本书策划人 高尚艳

2021 年 12 月 26 日夜于武汉

目　录
CONTENTS

第一章　我的童年我的家

我生在二十世纪六十年代初的湖北安陆农村，出生的时候吃不饱，发育的时候缺营养，小学的时候学校没桌椅，中学的时候少课本……这一切似乎那么遥远，却又历历在目。特殊的生活年代、特殊的成长环境养成了我不服输又略偏执的个性。

炎黄子孙
当善运筹中华
使之光辉英耀顕立於世国之林

一九八二年八月

一、我的故乡古村黄寨

由湖北安陆城沿涢水向北 15 公里，渡口西岸，东经 113.34 度、北纬 31.24 度，有一个村落名叫黄寨大塆。渡口东岸是广水市平林镇，北面不远处是随州府河镇，西面是檀岗村。黄寨村以黄寨大塆为主体向南延伸至沟子边村落和骆家湾，地处安陆、广水、随州三县交界处。

二十世纪六十至八十年代计划经济时期，塆里总人数七百多人，几乎清一色都是黄姓家庭。改革开放后，随着城市化进程的加快，大量人口外迁，到 2021 年留居人口不足百人。

我的故乡属于丘陵地貌，小山低平（平均海拔约 50 米）、植被稀少、道路起伏、蜿蜒曲折。除了沿涢水河边有少量冲积平地外，其他庄稼田地多夹杂在两山之间。人均耕地面积仅 0.6 亩左右，是典型的人口多田地少、自然资源贫乏、经济相对落后的地方。

近年来，塆里的大多数人流向了城市，大量田地被闲置。

黄寨大塆是个古村庄，可考的历史可以追溯到 650 多年前的明朝初年。当元朝土崩瓦解时，天下混战，各路义军为了争夺帝位逐鹿中原，战到最后，安徽朱元璋和湖北陈友谅展开决战，主战场就在湖广地区，安陆、随州一带兵灾尤重，战火所及之处，赤野千里、土焦屋圮、田园荒芜、人口锐减。

公元 1362 年，随州义军领袖明玉珍在重庆建立大夏国，从麻城、孝感两地强行征掠二十多万乡民迁往四川，让本就"十村不一户、百里无人烟"的湖北变得更加荒凉，史书记载"楚地榛莽千里，阒无人迹"，这就是历史上罕有人知的"徙楚实蜀"。及至朱元璋建立大明，湖南、湖北"两湖"地区仅剩下约 174 万人口。为了恢复生机、均衡人口，洪武二年即公元 1369 年初，明政府启动了规模宏大的国家工程"江西填湖广"（这里的湖广指的是湖南、湖北广大地区），将江西三分之一的人口整村整镇地迁往湖广。在这场持续了 24 年的史诗级大迁徙中，两百多万江西老表辞别故土，跋山涉水，源源不断地进入湖广和安徽，在湖北落户的就有 69 万之巨！

史书载录："洪武初，诏豫章各大姓从黄占籍。"也就是说，朱元璋下诏敕令江西黄姓人家率先迁徙，然后其他大姓家族陆续迁至黄姓拓荒点落籍，成为黄姓属从。洪武二年秋初，第一批黄姓移民大军中有一位江西饶州瓦屑坝的举人黄宗文，带领全家老少五口，从鄱阳湖走水路进长江，逆流而上，耗时月余，到达湖北麻城。在麻城休整十多天，官府将其调籍到德安（今安陆）。当时为了鼓励江西移民，实行"插草立界"的垦荒政策。所谓"插草立界"，是说只要脚力好，三天内任你走多远，但凡插上草标的区域都属于这户移民所有，而且政府允诺五年不收田赋。

于是，黄宗文一家驱赶牛车离开德安，跨过滧水，一路向北，又走了几公里，日渐黄昏，一家人在涢水西岸的邓家庄停下了迁徙的脚步。

邓家庄坐落在龙山脚下，村子荒废多年，几栋民房早已倒塌废弃，触目皆是荒烟蔓草、断壁残垣。黄宗文一家在此安顿下来，他们"砌石为屋，搭草为棚"，又在周边圈了两千多亩坡地水田，过着日出而作、日落而息、凿井而饮、耕田而食的日子。

随着黄氏子孙日渐增多，黄宗文以族长身份上书德安府，申请改邓家庄为黄家庄，这一年约在洪武二十五年，即公元 1392 年，"江西填湖广"

停止的那一年。

随着时间的推移和社会的变迁，黄家庄也数度更名：邓家庄—黄家庄—黄府三旗—黄家砦—同兴一社—黄砦大队，二十世纪八十年代黄砦正式定名黄寨。

黄寨名称的演变，可谓一个名字一个故事，一段历史一个时代。

记得父亲16岁时爷爷就故于意外，奶奶带着未成年的四子两女挤在一处不足百平的木屋里艰难度日。作为弟弟妹妹中的大哥，父亲比其他同龄人承担得更多。

24岁的父亲迎娶17岁的母亲成家后，便开始想方设法建新居。含辛茹苦两年，房子终于建成，于是，父亲带着母亲和不到一岁的我搬进了新居。

建房前，父亲最后选择西城墙（祖上为防匪患而修建）头寨垮地势最高的位置安置新家。站在那里可以居高临下俯瞰整个寨垮、向东远眺涢水对岸的平林古镇及广水的寿山。

为了建造这栋房子，父亲常常起早贪黑，利用工余时间挖地基、挑石头，像燕子衔泥一样一砖一石累积、一点一滴寻找着椽子、檩条等建房材料。没钱买砖，就在模板中填土夯实做墙体，做完两间半土瓦房硬是花了两年多时间。

我在这个充满心酸回忆的房子里住了差不多三十年，儿子黄磊和黄文驰也出生在这里。

直到2012年春，这个古董式故居被我们改造成徽派建筑，取名"黄家苑"。现在的黄家苑是个标志，它告诉我们及后人，无论将来定居在哪里，我们的根永远在黄寨。

二、我的父亲母亲

父亲黄道德 1935 年 8 月 19 日出生于黄寨大塆，宗文堂黄氏第 21 世后裔。老人家今年 87 岁，耳聪目明，身体健康，且四世同堂。也许是劳动惯了，他根本闲不住，在我们三兄弟的益加益产业园，只要稍有一点空闲地，他就会将其翻垦用于种植瓜果蔬菜，或圈起来养殖鸡鸭鹅兔等，有时候重孙们从外地回来了，他常常兴高采烈地带着他们去参观。

父亲没什么文化，只在新中国成立前上过一年半私塾，后来在生活中积累了一些认识的字，电视上出现的大部分常用字他都能应付。

年轻的时候，父亲就是个具有极强上进心和高度政治觉悟的有为青年，他 20 岁入党，22 岁当生产队队长。在农业机械方面很有悟性，喜欢琢磨、钻研，常给生产队维修柴油机、水泵等。他不仅在"大炼钢铁"运动中会垒土炉炼钢，还会驾驶孛畈公社唯一的一辆东风卡车。

因为有这些方面的特长，上级曾经安排他到当时的"花园（即现在的孝昌）农机技术培训班"当辅导员。如果不是脾气耿直，在"大跃进"中因不虚报、浮夸粮食产量而受到冷落，他很有可能成为一名"脱产干部"，去官场走上一遭。

像村里所有一肩扛起千斤担的男人一样，父亲特别能吃苦，经常在农忙之余种菜卖菜贴补家用。在那个"通信基本靠吼、交通基本靠走、治安基本靠狗、照明基本靠油"的年代，父亲全靠两只脚，挑着应季蔬菜，如青菜、萝卜、大蒜、白花菜、大白菜等等，从黄寨一步一步走到平林街、走到字畈街、走到烟店街叫卖。如果想多卖一点钱，则要到安陆西包家屯或应城菜市，甚至到随州洛阳镇去卖菜。只要是去路程20公里以上的菜市场，常常是前一天傍晚出发，走通宵夜路，掐着点赶当地早集，卖完菜还不忘砍担柴禾或者买点粮食回家。柴禾里如有稍粗点的木料，他就会把它挑出来聚攒着，再找个木工加工成桌椅扁担或者农具什么的。

从走过的年代看，父亲经历过抗日战争、解放战争，以及新中国成立、大炼钢铁、"大跃进"、"文化大革命"、分田到户和改革开放。亲身经历、亲眼看见新社会各阶段的发展进程，可以说像一本活的现代历史教科书。

老人家虽然没有给我们积攒丰厚的物质财富，但是传递给我们的精神财富却堪称无价——永不服输的精神、忠厚善良的心地、耿直坦荡的性格，尤其在极度贫困的环境中能高度重视我们读书。老人家很经典的金句就是：砸锅卖铁也要让孩子读书！

母亲莫明志1942年大年初一出生于檀岗村，同那个年代大多数的农村女性一样，没上过学，只会认自己的名字。母亲虽然没有文化但做事特别干练、麻利。在生产队计件干活拿工分方面，总能领先其他同龄妇女；在接人待物、操持家务等方面也显示出超越其文化水平的娴熟与能干。

老人家经常对我们念叨的话就是"有儿穷不久，无子富不长""穷无穷种，富无富苗"，把全家过上好日子的希望全部寄托在我们身上。

一天，母亲意味深长地对我说："炎儿哈，要记到那句古话：长哥长嫂当爹娘。你是老大，要处处带好头，有个当大哥的样。以后你就是家里的顶梁柱，知道吗？"我点点头把母亲的话深深刻在心里。

父母常说他们没有什么奢望，只要我们做儿女的平安长大，把书读好，将来有出息，自己吃再多的苦、受再多的累，都值得。

三、我的弟弟妹妹

我们家一共有四兄妹，我是老大，下边还有一个妹妹两个弟弟。兄妹四人中就我出生在寨窝（寨塆中心祖居地），那一天是阳历的 1962 年 1 月 27 日，农历 1961 年腊月二十二。父亲找人按生辰八字推算，说我五行缺火，所以取名"炎"，运字辈，叫"运炎"。按农历我属牛，因为性格倔犟，父母总说我是头犟牛。在我不满一岁时，一家三口由祖居房搬到寨塆古城墙西端的新家。

二弟出生于 1965 年 8 月 19 日，因为五行缺金，取名"运超"。1970 年 6 月 30 日三弟出生，五行也缺火，取名"运炼"。

我们兄弟三人似乎在印证"不共线的三点确定一个平面"的几何原理，长大后，因为性格、特长和能力上的互补性，在后来的抱团打拼中成就了益加益集团。

搬家的当年即 1963 年妹妹建英出生，建英长相很像母亲，双眼皮、大眼睛，她在 15 岁的时候身高就有一米六五左右。我和妹妹经常一起上学放学，她很懂事，不像别人家的孩子直呼哥姐的名字，总是叫我"哥哥"。小的时候，家里做饭用的是烧柴火的土灶，所以经常要上山"砍草皮"（用锄头把野草锄松，再用钉耙把草从土里挑出来晒干）和"抓松毛"（用抓耙收集松树叶）。有一次，我和妹妹放学后一同上山拾柴，她扛着比她身体还高的锄头和钉耙跟在后面。因为没有吃饭，下山路上我突然四肢无力，头上冒着虚汗一头栽在地上。妹妹急哭了，她知道我是饿晕了，急忙跑回家端来一碗菜粥一口一口地喂我，我这才恢复过来。

那是个在生产队出工拿工分的年代，我家孩子多劳力少，年年都是缺粮户。我们家里男孩多饭量大，按工分分到的口粮从来就不够吃，所以在煮饭的时候常常加进去一些萝卜、菜叶，一家人吃菜粥、菜饭度日。

可惜妹妹建英年命不永，15岁那年因医疗事故意外去世。

妹妹仅仅是着凉感冒了，无知的乡医却莫名其妙一针扎在了她的左手食指与中指指缝里，没几分钟妹妹就说不出话来，紧接着高烧不退。父亲见状立马背起妹妹连走带跑赶往平林国道边，我拎着衣服紧紧跟在后面，随即搭上了去安陆的过境班车，很快住进了县医院。

医生用了很多降烧方法，妹妹的高烧还是不见减退，十多小时后含着泪永远地走了！

面对突如其来的灾祸，我们父子俩失声痛哭，那真是叫天天不应，叫地地不灵！

像这样人为的医疗事故，在那个年代似乎并不新鲜。如果发生在医疗水平、医疗条件好的今天，那个无知的乡医、那家无能的医院都将被起诉！一个都跑不了！

四、我的玩具情结

在我小的时候，贫穷是农村的普遍现状，我所在的黄寨村也好，外婆家的檀岗村也罢，十里八乡情况基本相同。大人吃不饱饭，孩子自然跟着饿肚子。贫穷对孩子来说不仅指以温饱为主的生活物资的极度匮乏，也包括精神层面的需求危机——好奇心和求知欲正处于峰值的农村半大孩子，一本小人书、一张报纸、一个信封甚至几颗在地上弹来弹去的玻璃球都是稀罕物。

城乡差别，已成为横亘在城乡之间的巨大鸿沟。乡下人对城里孩子玩的汽车模型、塑料手枪、会跳的青蛙、会叫的鹦鹉、五颜六色的积木等，想都别想。作为农村孩子，我们只能玩地上的象形小石头、泥捏小动物、自制纸片扑克等等。当然，也有更高级一点的玩具，那就是自己动手制作木质"手枪"。

那还是"备战、备荒"的年代，每到空军部队演习的时候，黄寨平林一带天空经常有直升机、战斗机低空飞行、盘旋，飞低的时候能看清机身上的"八一"徽标。每飞到渡口的沙滩上空，一排排伞兵似仙女散花一般从天而降，落在沙滩演习场。随后伞兵们列阵操枪，很快响起密集的枪声，混合着报靶声、军号声以及参观人群的嘈杂声，让童年的我们异常亢奋。

部队走后，戒严解除，包括我在内的孩子们一拥而上，冲进靶场捡子弹壳。黄铜的弹壳在沙滩上零零散散，露在沙滩外面的弹壳被阳光一照，老远就反射出耀眼的光芒，埋在沙子里的弹壳则需要用脚在沙子里来回摸索。

"手枪"的重要零件有了，准备好钢锯条、菜刀、砂纸等加工工具。在一块薄厚适中的小木板上，用铅笔画出适合自己掌握的手枪样子，然后雕刻打磨。成型后把子弹壳嵌在枪管上固定，再把废弃的橡胶轮胎圈套上去，利用其回力撞击弹壳底部的底炮，以引发弹壳里的鞭炮火药，一把能开火的手枪就这样大功告成。还别说，这种手枪还是有一定杀伤力，弄不好会打穿衣服甚至伤手、伤眼睛。

十岁以后，我还用大子弹壳制作过更大的玩具步枪，用于我们孩子们的"打仗"演习以及攻击树上的野鸟。

玩具是儿童的天使，是少年的益智伙伴，其重要性不亚于启蒙老师。因为潜意识里的"玩具情结"，我从农村孩子买不到、也买不起玩具的环境里走出来，深知农村孩子对玩具的渴望。1994年下半年在武汉阅马场打工半年后，1995年春，我把开公司创业的突破口放在"农村儿童玩具"上。

五、染血的道钉

涢水河发源于随州大洪山，由北往南从黄寨东侧淙淙流过。河东岸就是广水市平林镇，一条"汉丹铁路（汉西至丹江口）"从集镇中间穿过，"平林火车站"建在镇子东侧。这条铁路1958年动工，因向建设中的丹江口水库运送物资而修建，当年一河两岸的青壮劳力都曾被征调去筑基铺轨，1966年通车。路基使用枕木和道碴石，上面铺设钢轨。枕木和钢轨的固定就用到了道钉。

二十世纪六七十年代的农村，几乎都用土灶烧柴做饭。寨塆地处丘陵，山不高、树不大。据老人们说之前大部分山上长有茂密且粗大的松树，后来遭遇"大炼钢铁运动"，那些粗大的松树被人为砍伐当作了炼铁的燃料，山上现有的松树看上去都比较小，那都是后来重新长起来的。

计划经济年代，田地、山场归集体生产队所有，农户烧饭用农作物秸秆如麦秆、稻草、棉花秸根等。而且就是这些燃料也得由生产队按劳力和工分分发，不仅数量少而且不耐烧。于是，拾柴便成为每家每户的一大愁心事。

在当时，几乎每个家庭的孩子放学后要做两件事：一是上山拾柴；二是在家剁萝卜（用于掺杂在大米中煮饭）。因为家里硬劳力都要在生产队出工，只要生产队长站在高处振臂一呼："男将、女将出工啦！"这些硬劳力即使饭没吃完也要马上出门赶工，因为生产队的"记工员"会提前来到出工现场，登记每个人的出工时间，以核算工分。

孩子的两样家务活都要用到金属工具，如锄头和剁刀。出工用的部分农具如镰刀、笆子、锤子、钉耙等金属制品，由各农户自备。渡口边的铁匠铺有卖的，但是得花钱。我们家孩子多，读书、穿衣费用也多，没有余钱购买。

作为兄妹中的老大，我总想为家里做点什么。平时上平林街见过铁匠用道钉锤打农具，说用道钉钢制作的产品结实、抗磨、耐用。于是我想到平林火车站附近的铁路上去捡道钉。

道钉用在枕木上固定铁轨，由于蒸汽火车的日夜碾压，有些会因变形而更换，更换下来的道钉被扔在枕木和道砟之间。

那是一个周末的中午，8 岁的我独自从家里来到岸边，当时岸边与渡口间有一段沙滩，我赤脚走过沙滩坐上摆渡船去了平林。暮春时节，涢水波平流稳，水清沙白，和现在的景象恍若隔世。

穿过街道沿铁路朝着车站方向边走边找，铁路西侧是堆积如山的河沙，铁路上面停着许多车皮，人们正在用大铁锹一锹锹地往车厢里装着河沙，赚点力气钱，不少妇女、儿童拎着篓子在拉过煤的车厢里捡煤，还有胆大的妇女干脆扒上冒着巨大蒸汽的火车头里去偷煤。她们的脸上、手上和衣服上都沾满了煤灰，只能从眼神里判断她们的大致年龄。

我继续沿着铁轨寻找道钉，人多的地方肯定没有了。于是向更远的路段寻找，走了一段还真拣到一个！

道钉很凉也很沉，看了看，除了钉帽裂开，其余完好。于是拎在手上，迈开小腿，一溜小跑赶往平林渡口。

平林渡口不像河西有沙滩，从街上下来是一片陡峭的红石坡。当时坡上有一群比我大的孩子在嬉闹，一看就知道是邻村张畈人。看见了我手里的道钉，有个孩子开始动歪心思。

"喂喂喂，说你呢，在哪偷的道钉啊，快交出来，不然揍你！"那家伙口气很大。

"我捡的，不是偷的，不交！"说着我就双手把东西揣在怀里。

还没等我远走两步，七八个孩子围拢过来把我按倒。他们试图掰开双手，我却死死抱紧不松，将小身板像虾米一样缩成一团。不知道谁一脚踢在了我的鼻梁上，顿时鲜血直流，染红了衣服和手里的道钉。

看见出血了，那群家伙心虚了。这时刚好一只渡船靠岸，船上一位好心人对他们吼道："一群人欺负一个小孩，还不快滚！"另外又有两个人扶起我，还帮我清洗了血渍。

说来奇怪，我没哭。上船后还朝那几个人赌狠说："你们等着！"

来到黄寨渡口的铁匠铺，我让铁匠将这根带血的道钉打成了一把钉耙。

回到家里父亲问我鼻子怎么红了，知道原由后立马跑到河边找那群孩子算账，可是他们早已跑掉了。父亲接着又撵到张畈，结果还是没有找到当事人。

那把钉耙一直使用了好多年，这件往事我也一直记了好多年。

第二章　寒门学子

——风雨求学路

　　1966年"文化大革命"开始时，我5岁，正是启蒙的年龄。10年后，"文化大革命"结束的第二年，国家恢复了高考制度。16岁了，我整个读书的黄金年龄段恰恰就是在这个期间恍惚度过，面对高考试卷我只有叹息。

寂然羲春

一、没有学校的小学

　　我天生执拗、争强好胜，遇到任何事情先考虑我会怎么办，很少问别人怎么办。对父母而言，我是个特别不听话的孩子。这种不示弱甚至有些偏执的性格常常把父母气得够呛。6 岁前，村里没有幼儿园和学前班。6 岁时，父亲望子成龙心切，让我去上学。当时的寨墕没有学校，一年级教室被生产队安排在城墙东端道佩叔家的堂屋，他妹妹是我们唯一的老师。几块石头上搁一块木板就是课桌，孩子们要自带凳子。因为课堂上不听讲被老师点名批评了几句，第一堂课没等上完，我就直接背着板凳回了家。无论父母怎么逼劝，我就是不去上那个老师的课。

　　到 7 岁的时候才到另一个地方上课，教室在生产队会计家美爹的家里，课桌也是石头加木板，自带小板凳。老师是家美爹的爱人秦传翠，我们叫她"秦家婆"。在这里，小学一年级的孩子和二年级的孩子同在一个教室，加起来也就二十几人。"秦家婆"讲课前，先要说明这堂课是讲给哪个年级的学生听。

　　一、二年级读完后，三年级教室改在寨墕东边生产队的仓库。这时的课桌是生产队的木工做的，木板上加了四条腿。老师是家平爹，这个老师特别爱打学生，尤其爱揪学生耳朵。遇到调皮的，常常往死里揪，被揪过的耳朵几天都不褪红。上课的十几个学生中几乎人人挨过揍，轻点的用课本打头，我也不例外。

四年级上半学期的教室在黄寨拱桥边道芝叔的家里，距离寨垮三里多路。老师是道芝叔的妻子江开蓉江老师。道芝叔在初中任教，和江老师一样，后来的职称都是高级教师。下半学期的教室就迁到了沟子边"黄寨黄氏祠堂"里。

五年级的时候，开始有了专门的学校和老师，这个学校在寨垮北侧的"龙王寺"，后来改名"青庙"。寺和庙，顾名思义是供人们烧香拜佛的地方。"破四旧"运动时期，人们不再去那里烧香拜佛了，于是就被改造成了学校，叫"青庙学校"。该校是由四周八十多间房子合围起来的大院，周边除黄寨大队外，张畈、李寨、檀岗和桃园等地的适龄学生都在这里上学，这个学校的房间多，黄寨的五年级也设在这里。班级也多，学校还调来了不少操外地口音的老师。

二、勤工俭学的中学

记得上小学的时候，我们还有薄薄的语文、数学课本、作业本等，随着"文化大革命"运动的深入，读书不被重视，教学秩序被完全打乱。初中时几乎没有课本，学生书包里装的是报纸、小人书和平时爱玩的东西。

那个时候的学生上学，背的不一定是书包，更多的时候是带劳动工具，如铁锹、锄头、镰刀、扁担等。因为"勤工俭学"，学生要以"搞劳动"为主，上课读书为辅。班主任会根据各生产队所需劳动量，有时候上半天课搞半天劳动，当然也有全天上课的时候，比如天气原因。上语文课多数是读报纸、背毛主席诗词、喊口号，有时候还会讲时政要闻或者成语典故等。

从学生劳动时间的长短上，可分为"打零工"劳动和"脱课"劳动。前者具有临时性、灵活性和突击性，如周边某生产队赶季节收割粮食或者插秧播种缺少劳动力，大队有关领导就会联系学校，让学生"支农"；"脱课"劳动，顾名思义就是让学生离校去劳动场地住下来。

尽管处在一个不尊师不重教的环境，学生中还是不乏爱学习、爱思考的人，我身边就有那么几个志趣相投的同学，大家一起阅读课外书，讨论各种问题，谈人生说抱负。偶尔还会对某个女同学品头评足，谈笑风生，乐在其中。

　　我从小不爱说话，性格很不合群，喜欢独立思考甚至有点多愁善感，熟悉的人常常叫我"闷气生"。塆里的同龄孩子喜欢聚在一起嬉闹、摔跤、打扑克、"扇片儿"（将纸张折成片放在地上，让对方用同样的纸片拍下去，如果被拍翻面，该纸片就属于对方，一人一次反复轮换）等等，诸如此类活动我几乎不参与，也不看。可能是性格使然吧，我不喜欢"当观众"。

　　平时，我喜欢独自一人看书，遇到不认识的字就及时从兜里拿出《新华字典》查看，另一个兜里经常装着一本袖珍《成语词典》，时不时拿出来看看。这样就能比别人多认识字、多了解成语典故。我的自尊心也很强，从小就很反感说出"我也不知道""你说怎么办"之类的话。遇到事情我更多地在想"我应该怎么办"。

　　再大一点的时候，我开始阅读更多书籍，如法国作家蒙田的《蒙田随笔》、卢梭的《漫步遐想录》等，读到里面闪亮发光的句子我就会抄在日记本上，再举一反三延伸成自己的语言，诸如：

　　"贫富有轮回，善恶有报应。"

　　"听话的孩子没出息。"

　　"人与人之间的差别只在大脑。"

　　"有贫穷就有奋斗。"

　　"生死天定，命运人定。"

　　"绝地反弹会弹得更高。"

　　"人生有如跳高，所能达到的高度永远在期盼的高度之下。"

　　……

　　我自称这是思想火花，收集于单独的日记本，取名《无名者名言》，与观点对错无关。

　　在我读两年制初中和两年制高中共四年时间里，有三次印象较深的

"勤工"经历。

第一次：骆家湾开荒造田。骆家湾属于黄寨大队八小队，地处涢水河"安陆八景"之一的凉伞石回水湾，那里也是丘陵地貌，人多田少，因骆姓居多而得名。二十世纪七十年代前后，在第一次人口大爆炸年代，吃饭成了天大的问题。于是，全国"农业学大寨"，力争"青石板上创高产"。骆家湾南面的小山丘，非常适合改成农田种植粮食。于是两个初一班学生被安排驻扎在那里"脱产"劳动，其他地方的人们也被安排到那里，我们都做着同样的一件工作——开荒造田。那种人海场面后来只在电影里见过，大家肩扛手提，挖高填低，一派壮观的景象。几个月下来，一片片梯田赫然在目。

造田完工后，拖着疲惫不堪的小身板，同学们又回到了阔别已久的校园——青庙中学。

第二次：白兆山植树造林。不知道过了多久，学校得到了通知：派学生上白兆山林区植树。白兆山又名碧山，位于安陆烟店，属历史名山，唐朝诗人李白在此"酒隐安陆，蹉跎十年"，留下了"问余为何栖碧山，笑而不答心自闲。桃花流水杳然去，别有天地非人间"等脍炙人口的诗篇。当年的洗笔池、桃花洞现在已经成为观光景点。

白兆山虽为名山，但在"大炼钢铁"的时代砍伐严重，植被惨不忍睹。为了再现美景，势必要植树造林，于是公社领导想到了青庙中学的学生。

学校领导也非常重视，决定初中高中一齐上。我又一次背着行李随学生大军挺进白兆山。在陡峭的山上挖树窝、种树苗，一干又是几个月。

如今，当你有机会来白兆山旅游，远远看去那一排排整齐而参天的杉树林，就是当年学生军的成果，像阅兵的方队一样，列队等候你的检阅。

第三次：凉伞石修渠建坝。那还是七十年代前后，高中读书依然没有课本。你想学点东西，一靠课外或劳动之余，二靠听课或勤工俭学。既然劳动必须搞，我只有挤时间偷学。

这次的劳动我们被安排在凉伞石。凉伞石位于涢水西岸、黄寨古拱桥的南面。《安陆县志》上说，该名称源于魏文帝"西北有浮云，亭亭如车盖"的诗句。又有说李太白与友人乘舟游玩于此，曾在石上下棋，又曰"太白亭"。因为凉伞石背靠一长龙形山丘，地势高于两侧，很适合修建引水渠，用以自流灌溉沿线农田，凉伞石泵站应运而生。青庙高中学生被安排在那里住下，以协助修建主干渠。

渠道修成通水后不久，"文化大革命"结束了，第二年高考也恢复了，学校教学也逐渐恢复正常。高二的时候我们正儿八经读了一年书，1978 年毕业，我刚满 16 岁。可能是因为几乎空白的各科成绩，我没有被通知参加高考，甚至不知道考场在哪里。

三、再读一届高中

1. 青龙高一。

青庙高中毕业后，16 岁的我饥肠辘辘地回到生产队，整个人就像没了内脏一样空空如也。因为年龄和个子都小，拿 10 分的硬劳力活我做不来。父亲是生产队队长更是共产党员，不能偏心。于是找到副队长和会计商量，最后的安排是：我拿 9 分，开生产队新买的一台 12 匹马力（8820 瓦特）的抽水机。还好，是个技术活，干活、看书两不误。

不知道是不是天生对机械有悟性，生产队要派我去公社学习柴油机操作技术，我说："不用，有说明书就可以了。"

我就这样由一个学生很快变成了一个"农机手"。农忙的时候，田里几乎天天需要抽水灌溉，柴油机、水泵、水管经常搬来搬去。要知道一台 12 匹马力柴油机重 200 多斤，两个人抬，不是硬劳力根本抬不动，好在每次我总是拎个工具箱跟在后面就行。

空闲的时候我一边看书、一边钻研机械，反复琢磨原理，结合实际维修，还真了解了不少东西。渐渐地，耳边有"小黄师傅"的称呼了。这也为后来我在北京经营机械类项目埋下了伏笔。

抽水浇地固然很累，但我从未放弃过对知识的渴求，利用一切闲暇阅读课堂上从未接触到的书刊。随着"四人帮"的倒台，人民文学出版社、商务印书馆、中国青年出版社等陆续出版了一批外国文学名著，我从知青点借阅到海涅的《一个冬天的童话》、塞万提斯的《堂吉诃德》、伏尼契的《牛虻》、雨果的《笑面人》、拜伦的《唐璜》等等，几乎把知青从城里带来的书刊读了个遍，甚至逐字逐句地读完了一本枯燥无味的《罗马内战史》。知青点不仅有好书，还有神秘兮兮的手抄本，张扬那本著名的《第二次握手》手抄本看得我潸然泪下，况浩文的《一双绣花鞋》让我好几天不敢独自一人走夜路。

当然，阅读归阅读，我还是得回到"农机手"的现实中来。

应该说我下学后的第一份差事做得还算不错，至少在努力做好。可半年后的一个场面，改变了我的思想甚至是人生的轨迹。

那是一个周末的下午，我在沟子边抽水。机子正常运行了一天，我也看了一天的书。这时，几个少年谈笑着朝我这边走来，话语中我知道他们是青龙高中的住校学生。从他们跨过抽水管的那一瞬间，我突然想到，难道我这辈子的学就这样上完了吗？没有文化、不考大学，我将来的路在何方？

我要重返校园！我要继续读书！我要跳出农门！我要出人头地！

要知道，高考是一个无论贫富、无论城乡、无论男女，只要分数达到就能改变命运的好制度、好途径、好机会。随着高考制度的恢复，城乡差别将越来越缩小，社会制度将越来越合理，人与人之间将越来越公平，社会也就越来越进步。

骨子里争强好胜、舍我其谁的我决定，一定要通过读书来改变命运！

有了这个念头后，我就开始考虑怎么向父母说，又怎样能够说服父母。毕竟两个弟弟都在上学，家里一贫如洗；可我实在是太想读书了。

我拖着疲惫的身体回到家里，吃饭的时候，我讲到了国家恢复高考的事，还特意给父母碗里夹菜。父母感觉到了我的反常举动，问我是不是有什么事要说。

慢慢地，我就说出了我想再回去读书的想法。令我感到意外的是，父亲几乎没有犹豫就答应了，还说现在青庙高中已经撤走了，要读就只能去青龙高中了。一旁的母亲也不反对，只是一个劲地皱眉头，轻轻说了句："好不容易回来帮忙挣点工分，几个孩子都在上学，哪来的钱？"父亲的嗓门一下子高了不少："就是砸锅卖铁，也要让孩子读书！"

好在刚刚开学不久，我找到班主任——随州军山的詹家荣老师交了学杂费，领了新课本，又一次坐在了教室里。就这样，我很快成了青龙高中一年级文科班的插班生。

不久，班主任詹老师还让我当上了班长。正纳闷呢，另一位老师告诉我，说老师们都认为我读书用心，比较懂事，而且年龄在班上最大。这个班长竟然当到了杜庙高中二年级。

那个时候，农村广大地区还没有通电，学校也不例外。晚自习照明用的是加注煤油的"汽灯"，即在灯嘴上套一个石棉纱罩，纱罩遇到煤油燃烧的高温会发出耀眼的白光。每到傍晚来临之前，我作为班长就带头倒腾汽灯，亮了就把它挂在教室中间的横梁上。因为依靠加气喷油点亮，每隔一会儿就要取下来往里面打气。

晚自习下课后，公共汽灯不再使用。想挑灯夜战的同学就得使用自己的煤油灯，我就是其中一个。

2. 杜庙高二。

高一读完后，青龙学校高中部撤销，同学们转至字畈的杜庙高中读高二。按照当时的学制，高二是毕业班。根据课程安排，二年级上学期就要完成所有新课程的教学，下学期进入全面系统的复习阶段，准备迎接高考。

如果说读高一的时候我就很刻苦，那么高二简直就是忘我，有时候连课间 10 分钟都不舍得放弃，几乎每天都是寝室里最后一个睡觉的人。我知道这次返校无法从初中开始，所以初中的基础课程我得利用课外时间补习，可时间还是不够用。

也许我的学习效率不高，初中阶段的基础我始终没能补习扎实，导致高中课程部分题目做起来有点空中楼阁，最明显的短板就是数学。尽管我的语文、英语、地理、政治等科目名次靠前，但数学分数一直上不去，对记忆力要求较高的历史科成绩也不太理想，因此我每次的考试成绩难以拔尖。

按那个时候农村高考生不到 5% 的录取比例，总成绩进不了班上前三，如果没有奇迹发生，高考就基本没什么希望。一个班 50 人，能够录取 3 个很难，"剃光头"是常事。

而我的名次并不在班上的前三名之内，那次高考我名落孙山。

高中毕业没考上大学是件很没面子的事情，对一个二进高中的我来说，那真叫一个无地自容！卷铺盖走人的那一天，我和另外两个寨塆的同学在天黑以后离开学校，这样可以用夜色遮盖住红得发烫的脸。

杜庙高中距离寨塆 8 公里山路，我们分别挑着板床，趁夜出发，一路走走停停，累了就坐在山坡上议时事、论发展、畅谈人生抱负。硬是走了一整夜，到家时天空已经泛白。

3. 安陆二中。

人在十字路口，性格会替你做出选择。永不言败就是我的性格。我要复读，再向高考冲刺。

这一年，二弟运超也高中毕业。我们这对寒门兄弟都有一个梦：复读考学跳龙门。

我们俩这次是进城读书，学校——安陆市第二高级中学。

21 岁，是大学生的年龄，可我还在读高中。当时复读的人很多，我们想进迎春街的第一高中，可人数已满。那就进安陆城北的二中复读班吧，老师说复读班没位子，只能进应届毕业班了。于是，我进了应届二年级文科毕业班。因为文科生录取比例低，二弟则由文科改成理科，重新从应届高中一年级读起。

应届班大多是城里吃商品粮的走读生，学校没有安排住宿。父亲找到在市物资局开货车的远房伯父，伯父住单人宿舍，面积不足 10 平方米，只能给我俩一张宽 60 厘米的竹床，睡觉必须保持侧身 "S" 形的睡姿。因为物资局紧靠安陆火车站，每次火车经过，都有明显震感，尤其是晚上震耳的汽笛声，常常半夜把我们惊醒。有时候被惊醒后干脆其中一人看书到天亮，那个竹床太窄，实在无法容纳两个人同时睡觉。

几个月后，学校允许乡下复读生在各自教室后面安放高低床，我们俩终于住进了学校。

4. 扒火车的 "村支书"。

安陆二中有学生食堂，学生凭餐票打饭菜，荤菜 2 毛钱一份，豆制品 1 毛，素菜 8 分。那时候家里除了自留地种点应季蔬菜可以卖点钱，没有任何别的收入。为了省钱，我和二弟每周一个人回老家拿一次腌菜。老家离安陆 23 公里，有火车一站路到平林，票价 6 角。回家一趟常常是走铁路步行回去，再坐火车返回安陆。

每次回家，母亲总会做好一锅腌制的大白菜、萝卜条或者酱豆，装满六七个大罐头瓶给我们带上。这就是我们俩一周的下饭菜，每天一瓶。有时候遇上父亲卖了菜，还能带两块零用钱，用于买车票或者在食堂打菜。

拿了腌菜就要及时赶往平林火车站，有时候没赶上车或者没钱买票，只能像回家一样沿铁路步行回学校。

应季蔬菜每年都有几个月的空白期，这段时间家里就彻底没有收入。当时安陆南城国道四里段正在翻新修路，好几次，父亲、我、二弟、三弟都到四里工地上去筛沙，挣点力气钱贴补读书费用。

邻村檀岗的黄运生也在二中复读，他和我同岁，比我大几个月，家里兄弟姐妹八个，也是贫穷潦倒。那时候的农村，家里没有商品粮户口的，个个都穷，有孩子读书的就更穷。一次我和运生一起回校，都没钱坐车，于是决定扒货车到安陆。

那是一个深秋的下午，天气凉飕飕的，下着牛毛细雨。我们来到平林火车站，躲开车站人员的视线扒进了一节空车厢，靠在车厢一角蜷曲而坐。

没等太久，火车就喷着浓浓蒸汽迸发出震耳的笛声，"轰、轰、轰"地启动了。哥俩相视，会意地笑了。

还没来得及收敛起笑容，我们的心一下子又揪紧了。眼看着前面就是安陆站，火车依然在快速行驶，根本没有停下来的迹象。

又过了一会儿，火车终于停了下来。我俩赶紧下车，看见牌子上赫然写着——花园货运站。天呐，我们竟然被拉到了花园！

花园就是今天的孝昌县，以前听父亲说他在这里的"农机技术培训班"当过辅导员，只知道离安陆不远，不知道不远是多远。深秋时节，傍晚七点的天光早已黯淡，何况正下着秋雨。旅馆自然住不起，次日是周一要上早自习，我们顾不得肚子饿，抓紧往回赶。

刚出花园镇，天就完全黑了下来。真是"一场秋雨一场寒"，衣服湿了，鞋子也湿了，一切都湿漉漉，凉意沁骨，好在运生哥书包里有两件外套没有打湿。两人套上，可还是挡不住深秋的寒意。于是，我们抱团取暖来抵抗黑暗的害怕和身体的湿冷，沿着公路深一脚浅一脚地艰难前行。路上不时有车辆从身边疾驰而过，我们试着招手搭乘，不仅没用还被溅上一身的泥水，更加剧了身体的寒冷。

和上年从杜庙乘夜离校一样，我们俩就这样走了整整一夜，清晨六点多才到达学校，洗漱完毕，刚好赶上早自习。

应届班的同学除了几个来自乡下的复读插班生以外，都来自城里，商品粮户口有着天生的优越感，学不学习不重要，成不成绩不重要，毕业的时候有张高中毕业证就能有一份衣食无忧的好工作。大多数学生有了这样的意识，学风、班风乃至校风就可想而知了。所以上课哄堂、校园斗殴是常有的事，更有一群男生因为一个女同学和校外的小混混们大打出手，常常引来警方的介入方才平息。

我们班就有"四大金刚"，只要他们四个人在班上，老师就别想正常上课。对于我们几个想努力考学的插班生来说，这简直就是噩梦。为了学习英语，我买了个袖珍收放机，每次上课的时候，同桌的女同学唐学芳就拿去听歌。17岁的她长相漂亮，走路的时候她的水蛇腰总爱不停地左右摆动，常常吸引班上男生的目光。我年龄大，学习刻苦，严肃认真，平日总背着一个军绿色帆布书包，被她称作"村支书"。她这么一叫，我这个外号甩都甩不掉。很多年以后我在安陆车站买票，看见当了售票员的她，彼此还能一眼就认出对方，她还是叫我"村支书"。

从青庙高中毕业后的一年中，我一边当"农机手"一边看书，那是我青葱岁月阅读最多也是写日记最多的一段时间。这些书在打开我视野的同时，也滋生了我对文学的向往和热爱。在二中读书期间，我多次向安陆的《碧山报》投稿，每次刊登之后，报社还寄来稿费。我还不自量力写起了小说，其中有篇《晓云婚事》，写的是一个城市女孩如芳为了爱情，冲破世俗和传统嫁给了一个农村小伙。朦胧中小说里的晓云就是我自己，女主人如芳就是同桌同学唐学芳，可这终归是一个梦。

在我长期偏重于文学、文科的同时，一个巨大的隐患早已经成形，那就是我徜徉在文学书籍的同时，自己却陷入了重文轻理的泥淖而不能自拔。如果说1978年那届的高考我连参加的机会都没有的话，这次有幸参加了高考，却纯因偏科而名落孙山。那年的数学，150 分的总分我仅得了可怜的 47 分。

我天生对数字不敏感的致命伤，让数学分数无法提高。即使再读一两年，结果也是功亏一篑。何况，窘迫的家境早已供不起三兄弟同时上学，二弟还在为高考冲刺，他比我有希望考上大学，我没有必要继续复读下去。

我的理解，读书学习的意义不在于所学到的知识在将来的某一天一定会用到，而在于在读书学习的过程中，锻炼和提高自己分析问题、解决问题的能力。

既然社会重视文化、重视人才，那么我的二次返校复读就不会白费；既然注定前路莫测，那就欣然接受，坦然面对！

第三章　乡村教师

——为理想而放弃

　　三度高考落榜后，我不得不换一种"拔高"途径。回到家里，我给自己拟定了"十个三年计划"。第一个三年计划：努力解决温饱，参加成人高考。二"三"计划中：走适合自己的商业之路，带领家人走向城市……到十"三"计划完成时即在55岁前，我的人生目标是至少要打拼到社会的中层。能肯定的是，我绝不会碌碌无为、平平庸庸地虚度一生。

　　家乡和出身我选择不了，但命运可以自己决定。只要心中有理想，前路坎坷又何妨！

风华正茂

一、从读书人到买卖人

随着家庭联产承包责任制的推行，以"集体所有制"为特征的人民公社逐步撤销。安陆地区的政策似乎更加激进，1982 年早稻开镰前，我们村已经悄悄把公社土地变成了责任田。七月下旬，早稻熟了，这是"分田到户"前农村最后一次集体收割，国家正在实施农村经济体制改革，允许多种经营，解放农村生产力。

在抢收抢种的"双抢"季节，家里农活特别忙，我想利用周末回家帮忙，但父亲不让，宁可自己一个人捆草头、挑草头、堆草头，并且说："这不是你干的活儿，回屋去看书！把书读好，能走出黄寨不当农民才算你本事！"

我终究还是让自己和家人失望了，1983 年我第三次高考落选。之后，我决定不再参加高考。回到家里我把自己关了两个月，我在考虑如何通过知识改变贫困现状，当务之急是解决温饱。

人在极度困境中，往往容易因为心急而好高骛远，其结果往往事与愿违。自己的能力、眼前的环境，在做任何事情之前都必须清楚和面对。

在众多农村致富类项目中，我选择了低成本、易操作的"食用菌栽培和小鸡孵化技术"，并到书店购买了相关的图书。

栽培平菇成本低、周期短、易销售，比较适合我这类不会种田的人操作。虽然我高考落榜，但文化底子还是有的。像菌菇类栽培，应该不需要

33

进专业培训班学习，自学就能对付。

说了算，定了干。先在庭院里因陋就简搭建几间草棚做菇房，接着去安陆菌种站采购回菌种，再到平林市场购买棉籽壳、塑料袋等。

按照配比：棉籽壳96%、过磷酸钙（肥料）1%、草木灰1%、尿素0.3%，拌水搅合均匀，然后覆膜发酵，再灭菌装袋下种，最后将菌袋堆放在通风保温保湿的菇房，等待出菇即可。

约40天后，第一茬菇顺利长出。那天一大早我小心翼翼摘了两篮子，羞羞答答赶往平林菜市场。

说实话，作为一个读书人，我潜意识"视金钱如粪土"，看低做买卖的生意人。但是，形势所迫，我只能硬着头皮加入卖菜人的行列。第一次上街卖菇，我羞于直面流动的人群，尤其担心遇到熟人，一直低头直直看着篮子里的蘑菇。

好在很快就卖完了，我赶紧来到渡口过河回家。在摆渡船上，我隐隐听见有人议论：唉，读了那么多年的书没考上大学，还是回家种田卖菜。这个时候的我，除了沉默什么也做不了。

养鸡生蛋，是我们农村家庭重要的经济来源。从开春购买小鸡苗，一般约六个月就可以产蛋，而且家鸡的饲养几乎不花什么成本，所以家家户户都在养殖。

不少鸡苗贩子每到销售旺季，就从遥远的孵化场批发买进，然后走乡串户零售。我们寨塆人多户多，是贩子们必来之地。只要他们一到，妇女儿童们就里三层外三层围个水泄不通。小孩子们都喜欢小动物，他们主要是看热闹，有时还帮妈妈挑选。

可是，购买外地来的鸡苗，有个致命的弊端就是成活率低。一是鸡苗拥挤、路途颠簸；二是卫生太差、缺乏防疫。农户买回去饲养，往往一周不到死亡过半，很是心疼。由于没有防病意识和方法，大部分农户连存活率低的原因都不知道。

学习了孵化技术资料，我计划开孵化坊，将售出的鸡苗配以药物和饲养方法来提高农户的饲养成活率，让农户们受益并明白知识的力量。

一枚正常的受精蛋，只要在温度 37—39 摄氏度、湿度 60%—70% 的环境中保持 21 天，一只小鸡仔就自然天成。懂得了这个原理后，在春节来临前，我就着手制作孵化设备。先画个草图，准备好各种构件，请木工加工蛋盘和承梁，采用土砖+薄铁管+煤油灯的方法，制作出两个土孵化箱。经过几天的试孵化，确定正常后开始挨家挨户收鸡蛋、分期分批入箱孵化。

孵化开始的前几个晚上，我几乎没怎么睡觉。隔两个小时就去查蛋温、翻蛋盘。用手电筒照看胚胎发育情况：把鸡蛋和电筒头同时握在手掌的前后端，让手电筒的光透过鸡蛋，并转动鸡蛋进行查看。

孵化三天左右，用同样的方法还可以挑出不能孵化的"无精蛋"。收回来的鸡蛋中常常有少量的无精蛋，因为有的农户只养了母鸡。公母鸡通常比例是 1∶30。鸡群里没有公鸡的鸡蛋不能收。

就这样 21 天后，一批批、一个个可爱的小鸡仔相继破壳而出。小鸡仔干毛后就可以上市出售了。

如果要做到每天有小鸡出壳，那么就要每天孵鸡蛋。出壳的数量和频率，取决于孵化规模。

开办孵化坊之前，我就想好不走传统销售模式。具体做法是：卖鸡苗、配药包、教方法，帮助农户提高小鸡饲养成活率。

刚开始，我上了几次平林市场，用这种销售方法很快收到了良好的效果。好多农户找上门来购买鸡苗，一时没有就押钱订购。这样一来，外地的鸡贩子也不来了。

无论是食用菌种植还是小鸡孵化，像这类技能，有文化看书就可以搞定。

二、擦肩而过的执教机会

　　相邻几个村里都有那么几个读书时间长但一直没考上大学的人，我就是其中一个。小学 5 年，初中 2 年，高中前后读了 6 年。都说 10 年寒窗，我是 13 年。无论在社会上参加乡镇干部招聘考试，还是参加教师招聘考试，以及在后来的创业人群的学历中，我应该说占据了一定的文化优势。

　　一天，我跟往常一样从平林赶集回来，路过东门堰时，突然有人喊我的小名："炎儿，炎儿——"我顺着声音看去，大队干部道怀伯光着膀子站在他家门前向我招手。见我站在原地没动，他跑过来递给我一张纸，一看，是一张宇畈镇政府《招干考试通知书》，抬头填着我的名字。其大意是：经县委决定，通过考试从高考落榜生中选拔一批优秀人才，补充到基层乡镇政府做行政工作。考试时间是 1983 年 8 月 16 日上午 8 点整，考生须提前半小时到达宇畈镇中学指定考场。

　　8 月 16 日，不就是今天吗？8 点考试，而现在已快 11 点钟了。我全身热血刷地一下冲到头顶："你这不是坑我吗！"他只是轻描淡写地回了两个字"忘了"，我无语得快哭了。

　　后来听说，我杜庙高中的同班同学黄道柱参加那次考试了，可喜的是他考上了，培训学习后任职于烟店镇政府。

　　我一个读书人，向来与人为善，何况刚刚走上社会，没接触过多少人，为什么却有人和我过不去？是不是因为父亲脾气耿直，得罪过官场上的某些人？还是我自己不善言谈自命清高让人看不顺眼？

还有一次机会与我擦肩而过。

那是1984年的一次教师招聘考试，考场设在烟店高中，走出考场的那一刻，我信心满满。因为试卷很简单，我早早就做完了，心想这回"录定了"，于是回到家里静静地等待录取通知。

这一等可是没完没了，学校开学了，新教师都上岗了，我的通知还是没来。后来我专门去了一趟烟店镇教育组招考办查卷，阅卷人告诉我，我考试的分数过线了，但我所在的村支部政审没有通过。

回来的当天，我找到村支书，他当时正在自家麦田里清理水沟，我站在旁边的山坡上冲他大声问道：

"我去查了试卷了，为什么不是我？"他似乎早知道我会去找他，见我说话不客气，干脆直说了：

"小子，你太嫩了。我知道你有点墨水，但我就是不用你！"

我招谁惹谁了？！听了这话，我差点崩溃。

青山不老，绿水长流，走着瞧吧！俗话说：当上天给你关闭一道门，也必定给你留着一扇窗。

三、成为乡村英语教师

1984 年 9 月的一天傍晚，青庙中学的徐世忠校长突然来到我家，徐校长籍贯平林，走在人群中一看就是个文化人，和我有过几回照面。应该是老邻居好哥们黄运洪老师向他介绍过，徐校长知道周边村有几个读书的"老油条"，高考累试不第，但基本功比较扎实，能胜任初中的任何课程。

左起黄运炎　黄运洪
于 1983 年 9 月

秋天的傍晚，夕阳如血，阵阵蝉声夹带着热气，蜻蜓和蚊子在空中飞来飞去。一阵寒暄之后，我招呼徐校长在院子里坐下，校长一边用扇子轰着蚊子，一边说：

"学校缺英语老师，已经向镇里打报告指名要你。工资和其他同资历教师一样由县教委下发，学校另外还有点补贴。"见我没有马上答复，他假装咳嗽清了清嗓子：

"孩子们已经快两周没上英语课了。"

为了缓和压抑的气氛，校长转移话题，向我打听一些安陆二中教学、校舍、课程、学风之类无关痛痒的事。末了又说道：

"我知道你种蘑菇做孵化赚的比教书多，可读书人眼里从来不只有钱，不是吗？"

这句话真说到我的心坎上了，眼前的一切都是暂时的。我可是读了十几年的书，没有一番作为我连自己都对不起！

"到学校来吧，你可以一边教书一边继续读书考成人大学。"徐校长非常诚恳地说。

我从"没有教室的小学"，"勤工俭学的中学"一路读过来，深知学生对知识的渴望，学校和老师对学生的重要，再回想起那位支书不让我当老师的那番话，自然会觉得徐校长是在给我机会。

1984 年 9 月 10 日，中秋节，我到青庙学校报到上班，开始了 7 年英语教师的生涯。

青庙，有着我一生都难以忘怀的记忆。12 年前，我在这个学校读小学五年级，读初中、高中，那时学生没有课本，有锄头、镰刀等劳动工具。如果不是教育体制改革后的复读，真不知道我认识的那几个字能让我干什么。12 年后，我竟然走上这里的讲台，面对的是十五六岁那一双双渴求知识的眼睛。我想我能做的只有用心教书、尽力教好，待遇怎么样不重要。

学校每个月发给我 108 元的高工资，真的很不错了。20 世纪 80 年代的一元钱差不多相当于现在的四五十元。当时的物价低，一斤猪肉仅八角，大米每斤一角五，蔬菜三两分，这个工资能办好多事。

当了多年学生，又刚刚脱离学生身份，尽管大几岁，我也能很快和学生们打成一片。好在"不学 ABC，照样干革命"已成为过去，可能是因为亲和力的原因吧，学生们学习英语的积极性很高，课堂效果比较好。所以在学校领导面前我信心满满地表过态：我教的英语不会拖学生中考的后腿。

这一点在我后来去杜庙初中教三（一）毕业班的时候得到了证实。那一年的中考，所有过中考线的包括进一中和中专的学生，总分 100 的英语试卷，他们的平均分数全部在 90 分以上。其中横山村的李方同学 96 分，读了中专后教书，后来去了深圳；黄寨寨垴黄歌同学 94 分，上了一中，后来读大学，毕业后在南方大城市工作定居。

很多家长包括部分学生有个认识误区，他们都以为 ABC 与以后的工作和生活没有什么关联。事实上，无论学习什么课程、解答什么题目，都是一个分析问题、解决问题的过程，锻炼的是学生遇到问题的处置能力。学生终究有一天会走向社会，也必然会遇到工作、生活以及人生中的种种问题，其处理问题的态度、能力的大小和最终结果就自然把人群分成了三六九等。这就是所谓的"教书育人，润物无声"。

把这样的理念贯穿于教学中，就是我教书 7 年一直秉承的宗旨。正因为如此，不少曾经的学生后来都成了我的好朋友。他们中有人民教师、国家干部、白衣天使、企业老总等等，他们在各条战线各个岗位散着热和光，传播着正能量。

7 年的教师生涯，我的学生花名册上累计有 1444 个人名，也可谓桃李满天下。

尤其值得一提的是，在这期间，我完成了两门函授课程的学习："汉语言文学"和"市场经济管理学"，为后来的市场打拼奠定了较为扎实的理论文化基础。

任何时候、任何情况下，人都要有梦想。想起在安陆二中读书的时候，我利用暑假写过一篇九千字的小说《晓云婚事》。这篇未曾发表的小说，真实地反映了青春期的我对爱情的渴望和对城市生活的向往，也是我再次高考失利后的一种情感倾诉。

小说描写农村穷小伙晓云，高中毕业后不愿意扎根农村，一心向往城市，想娶城里的那个同学如芳。那个年代城乡差别很大，城里人和农村人地位相差悬殊，一个农村穷小伙想娶城里姑娘为妻，无疑是天方夜谭。但执着的晓云一定要做城乡联姻第一人，他在村里通过所学知识、依靠科学种养致富，成了远近闻名的万元户。然后去城里经营农产品，事业有成，终于娶到心仪美眷如芳，实现了自己的梦想。

现实中我的梦想，却还要走很长的路才能实现。

四、毅然辞去教师职业

说实话，教师职业很受人尊重，我也一直很努力，很享受这份职业。

"跳农门"是我那个时期的一个梦想。我是文科生，深知历史上基层农民的疾苦。相对城市，广大农村教育投入低，知识普及率低，医疗水平低，公共设施少。所以，从这个环境中跳出去便成了农村青年的首要选择。根据多劳多得的社会分配制度，多读书才能多做事，多做事才能多收益。

在青庙中学工作一年，转岗到杜庙。在杜庙初中教书一年后，我被调去了青龙学校，再后来又回到青庙。我沿着曾经读过书的学校转了一圈又回到了起点。在青庙的那几年我从 28 岁到 30 岁，之所以特别提到这个年龄段，是因为它承载着我人生重要的三件事：28 岁结婚、29 岁生子、而立之年转行从商。

当我的学生从师专毕业回来和我一起教书的时候，当我为人夫为人父的时候，当我的工资无法应付家里正常支出的时候，当我的那颗一直不安分的心在继续保持不安分状态的时候，当社会的改革开放在进一步深化的时候，直觉和性格告诉我：该转行搏一搏了。

新年一过，我就向青庙学校的校长递交了辞职信，从此告别了七年的讲台生涯。春节后，校长和一位好朋友同事还来了我家，希望我回学校继续教书，并把工资提一级。我去意已决，不再回头，尽管不知道路在何方。

随着两个孩子的出生，我每月的代课工资根本不够养家糊口。即使如本家爹爹、教育组领导黄家信承诺的那样，我再干半年就能"农转非"了，充其量也只能保全我一个人。

俗话说"聪明只能保一人，富贵才能保全家"，因为我和二弟常年反复读书导致家徒四壁、一贫如洗，家里太需要"大补"了。于是，我选择"置之死地而后生"，我相信"天无绝人之路"。

而立之年，我在日记本上以"三十而立"为题，写了一首誓言诗：

自幼贫苦寡清欢，

家徒四壁读窗寒。

而立决意出门去，

拼不成名誓不还。

第四章　走出安陆

——谷底人生苦挣扎

　　没有人的生活可以一帆风顺，没有人的闯荡能够一蹴而就。当我怀揣梦想独闯天下而遭遇四面楚歌的时候，时光是那样的煎熬，连日月的颜色都是那般的暗淡，那一度的心灰意冷，是因为我不知道何时能走出眼前的泥潭。如果不是内心的强大和坚持，我后来的人生一定会被改写。

旅途如歌

一、梦破蒿桥军营

从安陆城区沿解放大道一路向西，过涢水河解放山电站 1 公里有个蒿桥村，那里常年驻扎着一支解放军部队，其中一位营长是我们孛畈人。听说部队大院内原有的一个养猪场闲置不用了，对外出租。于是，我托人承包下来，计划稍作改造用来孵化鸡苗和饲养良种肉鸡。

还是几年前在桃园教书的时候，我认识一个徐姓养鸡专业户，当时他们家可是孛畈镇少有的"万元户"。因为在学校旁边，我经常去他家聊天，了解养鸡方面的情况。他知道我做过孵化坊，也算得上是半个同行，有共同语言的人容易拉近关系，所以我们合作了一把。

当时他们家养的是良种蛋鸡，名叫"罗斯鸡"。鸡苗依靠外购，种蛋和鸡苗两者差价很大，于是让我帮他孵化。按照约定，他负责购买种蛋，我来孵化。要求出壳率不低于 90%，达标后他留下母鸡苗，给我所有的公鸡苗。就这样我一边上课一边替他孵化，为了确保成功，我在他家吃住。功夫不负有心人，出壳率 95%！

可老徐看见一只只毛茸茸可爱的良种小鸡苗，反悔了，原本应给我 1000 多只公鸡苗，此时只愿意给我 200 只，一个很牵强的理由是我教书孵化两不耽误。不知道是不是穷怕了的人对钱反倒没那么渴望，我竟然接受了。但我提了个条件，他必须毫无保留地传授我养鸡技术，尤其是疫病防治实际经验。他答应得倒也痛快，成交！

应该说去蒿桥军营租房养鸡，除了读书人固有的自信外，还有老徐给我的底气。当然，我还有其他的思考角度：

1. 鸡仔儿在人们"菜篮子"里不可或缺，无论是良种鸡还是土鸡，都不用担心销售市场。

2. 饲养良种肉鸡"罗斯鸡"仅需 50—60 天即可出栏，周转快，便于小成本运作。

3. 开孵化坊，既不用购买鸡苗，节省差价、降低成本，自己孵化的鸡苗也更利于疫病防治，同时，土鸡苗还可以销售。

于是，我专程跑了一趟宜昌伍家岗种鸡场，采购回"罗斯鸡"肉鸡种蛋，和就地收购的土鸡种蛋同时分批入箱孵化。

和我一起来到蒿桥军营的还有老三运炼，老三虽不像我和老二一样读那么多年的书，可他却是三兄弟中思维最敏捷的一个，尤其在捕捉商业信息方面。他能在我们打下的商业码头基础上敏锐把握"拔高"机遇，将企业做大做强。后来益加益公司能发展成集团公司，他功不可没。

我在学校教书那几年，老二大学毕业分配去了沙市工作，老三在家帮助父母干农活，确实吃了不少苦头。不能说读书少就想不到要"跳农门"、脱苦海，只要是经历过"脸朝黄土背朝天"日子的孩子，都相当于浸泡过苦水，都一样比同龄人更早成熟更想努力出人头地。

在这个军营养鸡场，我们饲养了两种鸡——笼养良种肉鸡和散养土鸡。因为仅有的本金也是在老家青龙街一位剃头匠手里借的加息钱。好歹就这么些了，就像"三分钱的糖人，玩了没吃的，吃了没玩的"。一并饲养土鸡是为了方便随时出售以维持肉鸡出栏前所需的费用。

随着一批批鸡苗陆续出壳，孵化和养鸡在军营中的单门独院里逐渐显示出规模，常常引来战士们驻足观望，我和老三也更加忙碌了。一个跑外围，卖小鸡、购饲料和生活资料等，一个负责孵化、饲养和日常管理等，所有事情都在有序推进。

照这个势头下去，我们的"脱农"之梦、事业之梦很快就会实现。

可不知道是不是老天爷觉得我们的苦日子还没过够，尚需继续经历一段无人关心关注、无人提供帮助、要什么没什么的艰难日子。1992 年 9 月，市场物价突然暴涨。每斤大米的价格由原来的一角钱左右，一下子跳涨到六角；养鸡的主料玉米面，更是由每斤几分涨到三角。时隔不久，大米价格竟然涨到每斤一块多，饲料也随之疯涨。尤其令人匪夷所思的是，无论是肉鸡还是土鸡的价格却不见上涨，像泰山那样，坐那儿不动了。

有过这个经历的人都知道，那年的下半年，国家经济体制改革在进一步深入，大部分物品完全市场化，由供需自动调节物价，市场经济正在进一步取代计划经济。在这个大的背景下，短期内的通货膨胀在所难免。

对于养殖业来说，就曾一度出现饲料涨价而肉产品不涨价或少涨价的不平衡现象；对于我们的养鸡场而言，就是饲料贵得买不起而鸡仔儿鸡肉的市场价格却异常低迷。到后来肉鸡的混合饲料每斤一块五，肉鸡出栏价也是一块五！

这种始料未及的变故，瞬间把我们推下了深谷。

不到一个月，所养的两千多只鸡没有饲料供应，只能逐步贱卖，"以鸡养鸡"。恼火的是，市场上只认"两头鸡"——小鸡和老鸡，半大不小的根本卖不出去。

我和老三更是连饭都没得吃，以前还可以偶尔回老家拿些米菜油什么的，自从涨价后，家里也买不起了，没有了。

还是老三脑子灵活，他盯上部队食堂的泔水桶，战士们每餐都有很多剩饭剩菜。我俩找到炊事班，以无偿收拾餐厅为条件，将一日三餐的剩饭剩菜运回鸡场。我俩先挑着自己吃，其他的喂鸡。没有菜的时候我们在院子里找野生菜，放在电盘炉上的金属碗里煮熟食用。

即使在这种情况下，我和老三也从没有动过杀鸡当菜的念头。也许是自己精心培育的鸡，从感情上讲它就不是鸡，而更像是孩子。直到以后的很多年，我们都不喜欢吃鸡。

不知道是不是习惯的原因，那样的日子并没有让我悲观失望和怨天尤人。我似乎正在切身体验北宋诗人范仲淹所说的"苦难是人间的常态"。

更让人意外的是，老三有一次还差点丢了性命！

那是伏天的一个晚上，鸡场闷热，气味难闻。我和老三就在鸡场院外的小马路铺上床单睡觉。这条路的尽头仅有两家军属小院，平时，白天就很少有人走动，何况是晚上。老三年轻，很快就睡着了。我比较怕蚊子，久久难以入眠。突然，一辆摩托车的轰鸣声由远及近，朝这边驶来。我立马惊坐起来，这时的摩托车已从坡上直冲下来，我本能地大呼一声"有人"，随即起身拦住了车子的前轮。

天啦！5厘米！只差5厘米，后座上还带着一个人的摩托车就要碾过老三的头！

至今，我不知道怎样去形容老三那次遇险，只知道我长期心跳过速肯定跟那次危险有关。

思绪回到养鸡场，其结局不难想象。我将最后的两百只肉鸡处理完后，带着一生都不愿意回想却常常不自觉想起的伤痛记忆离开了。

二、苦撑葛洲西坝

无论路在何方，脚步不能停下。

养鸡失败的经历，使我开始背负债务。90斤的身板负重前行，我会做什么，能走多远？想想，我自己把自己吓一大跳。

还是那句老调重弹的话：我读过十几年的书。这回，我还加一条：我内心强大，正所谓"泰山压于顶而面不改色，黄河崩于前而心不惊慌"，不就是欠点儿账吗，赚来还上就是。不仅如此，我还要带领家人全面"脱农"走向城市。

所以我暗下决心，让世代的贫穷在我这代人终止！

不想认命，就得拼命！

这个时候，我想到了在宜昌葛洲坝当建筑工人的舅舅。虽然不知道去宜昌干什么，反正在家里什么也干不了。

于是，我用蛇皮袋装了几套衣服和一床棉絮，带着500块钱，告别妻儿，春节一过就踏上了前往葛洲坝的路。

那个时候，平林火车站没有开往宜昌的列车，需要在平林坐汽车到随州转坐绿皮列车。

不知道是不是那个时候的我长得就是个背时相，刚到平林就遭窃了。我到平林汽车站没多会儿，长途汽车就来了。因为是过境车停留时间短，我急忙随上车的人群往车上挤，车上却有两三个人使劲往下挤。我个小，几乎被人架起来挤进了车。落座后我突然感觉外套的扣子解开了，于是下意识去摸衬衣口袋里的 500 块钱，没了！我赶紧叫司机停车，却见刚才往下挤的那三个人已经扬长而去。那可是我身上仅有的钱！

即便身无分文我也没有下车返回的意思，那就做无票乘车的准备吧。

汽车直接开到了随州火车站，为了轻装便于过检扒车，我干脆把蛇皮袋丢在了公共汽车上。

社会上还是好人多，一位中年女士一眼就看出我没买票，跟我说：

"看你戴副眼镜像个文化人，没买票是吗？跟我走吧。"看样子她是经常坐火车或者是某铁路职工的家属。

我跟着她走不仅车站不验票，上车后我站在她指定的位置也没有人验票。过了会儿这位女士过来问我到哪儿，我说去宜昌。

"到终点站啊，可我只能保你到枣阳。"她补充道："枣阳后就要换人查票，我不认识。"我连说了两个"谢谢！"。

车到枣阳站，应该是火车到宜昌前最后一次也是最严格的一次查票。由乘务员和乘警从两头往中间查。我很平静也很坦然，如实跟乘警说明无票情况。他哪管那么多，这时火车刚好停靠"鸦鹊岭"站，车门打开后我被一脚踢了下来。

距离宜昌站还有一站路 20 公里，当火车开始启动时，我从另一节车厢又扒了上去。

下车后我顺着铁路离开车站，因为身无分文，市内公交也坐不了。我只能一路走一路问地来到了葛洲西坝，到了西坝问舅舅的单位，终于见到久盼的亲人。

舅舅出生在檀岗村，是妈妈五个兄弟姐妹中最小的一个，被外甥们称为"小舅爷"。当年招工幸运地当了一名船运工人，后来调往国营葛洲坝水电工程第五建筑公司，成了一名大坝建筑工。

不幸的是，小舅爷在江陵航务工作时感染上了"血吸虫"病，来葛洲坝后又患上了肝病，身体很是不好。好在他是公费医疗，家里没有治病费用的压力。老人家很睿智也很乐观，能说会道，人称"小诸葛"，尤其重亲情。尽管身体比较虚弱，但他精神状态一直很好，看见外甥从老家远道而来，当然非常高兴。

他安排我住进"半边户"聚集地——"平民窟"。所谓"半边户"指工人的家属是农村户口，小舅爷家自然也是半边户。为了安置半边户，公司在工地附近的长江岸边搭建了很多工棚，被人们戏称为"平民窟"。

根据小舅爷的建议，我在西坝菜市场转了两天后，他给我本钱，给我自行车，让我卖菜卖鱼卖肉。

当时，西坝菜市场里聚集了很多葛洲坝工人的家属，她们来自各地农村，没有工作，为了谋生都来这里做些小买卖。这些"坐贩子"们的买卖做久了，秤杆子玩得麻溜转，短斤少两、以次充好对她们来说根本不叫事儿。

像我一个货真价实的"书生相"根本不可能干得过她们。就这样大半年了还是没赚到什么钱。

我想，要立足我还得找个有点儿技术含量的活儿干。

菜场内有个卖无根豆芽的年轻人，后来知道他也是湖北孝感人。他每天来得晚、走得早。卖起豆芽来既不吆喝，也很少跟人打招呼，独来独往一副很自负的样子，看来应该赚了不少钱。

豆芽作为植物培育应该不难，无根想必是用过某种抑根药剂。至于用什么药、怎么用，这个得搞清楚。

那一天，"豆芽人"和往常一样卖完就骑上自行车返回。我没有出摊，就是想跟踪他去豆芽坊看个究竟。为了不让他发现，我做了回"地下党"，远远地若无其事地跟着。走了约10公里开外，他拐弯进了一个小院，原来他的豆芽坊离菜市场还不近。

我停下自行车，一只脚蹬在路边。又过了会儿，终于等到他出去吃饭。我想即使进去有人遇见，我就说替单位食堂买豆芽，于是我大大方方地走了进去。

豆芽坊是两间农村平房，全部窗户都用黑布封闭着，地上几十口大水缸分两排摆放，分别长有绿豆芽和黄豆芽。我看完急忙走出来，顺手捡起了几个玻璃药剂瓶。

我通过药瓶标签找到了药商，也知道了用法，紧接着到郊外的缸窑买了十几口水缸，就这样，豆芽坊在所住的工棚里办了起来。

黄豆芽长成一般需要9—10天，绿豆芽7—8天。和之前的孵化一样，按计划分期分批下种，确保每天有豆芽出缸上市。随着操作的不断熟练，我定制了一些自行车篓，将种豆下在篓里，长成后直接挂车拉走。

突然冒出个"新豆芽人"，打破了这个菜市场豆芽供求的固有平衡，原来的"豆芽人"不高兴了。接下来就是价格战，我距离市场近，有"地利"优势，所以我常常比他早到。可还没等我开几秤，他一来我的豆芽就卖不动了。买主们纷纷向他围拢，他时间久有"人和"优势，而且使劲踩价。为了彻底挤走我，后来干脆也早早过来。我仅有的"地利"优势也不复存在了，去其他菜市场了解，大多同样是他的"地盘"。如果和他一样拼价格，他可能宁可几个月一分不挣，我可受不了。

我试着到处找单位食堂，有几家可以定点送货，但销售数量还是不够理想。于是只能慢慢缩小豆芽产量，利润也变得越来越低。

如果我不是负债在身，如果我不曾读书教书，如果我没有更高追求，就在这里卖菜也能养家糊口，说不定每年还有那么点存款。可这不是我当初想要的。

所以，我说服不了自己留在这里继续苦撑，选择了离开，先回家再做打算。

三、跌跤预制板厂

时间，总是那么不经商量地径直往前走，我所谓的事业看不到一丝希望不说，身处黑暗的重重包围，不知道东南西北哪个方向先露出一丝光亮。

还是在宜昌的时候，我得到了二儿子黄文驰出生的喜讯。已经是两个孩子的父亲了，我还是一事无成。坐在家里的房间里，看着石头垒砌的四壁到处透着室外的光线，上方是当年结婚时用报纸糊过的所谓吊顶，木质的窗户已经被不规则的石块压变了形，泥土地面更是凸凹不平，搬张凳子坐上去要挪动好多次才能找到平衡。再去镜子前照照自己，两侧的腮帮瘦得陷了下去，衬托出两个高高的颧骨，一头没有光泽的头发胡乱地散落着，显然是营养不良。全身上下含衣服鞋子的重量加起来应该不会超过90斤。那真叫一个顾影自怜、惨不忍睹。

《孟子》上说："天将降大任于斯人也，必先苦其心志，劳其筋骨，饿其体肤，空乏其身。"可我的"大任"在哪儿呢？我还有退路吗？

自己认定的路，再苦再疼也不能皱一下眉头，更没有资格喊疼，还是摸着石头过河吧。

一天，我平林的姑父带着一个人来找我，那人叫罗大定，比我大不了几岁，是平林蔡畈村预制板材厂的老板。五大三粗的罗总是个爽快人，他开门见山地说明了来意，他想利用我们村涢水河畔大量的砂石资源开办一个预制水泥板厂。资金、技术、人力全由他负责，我负责销售兼预制板厂的日常维护及财产安全，酬劳按营业额的 20% 提成。

这可是个天上掉馅饼的好事，我知道这事有姑父罗大树和表弟罗德强的功劳，他们想帮我们家一把。因为我们家经济状况一直不好，是典型的读书致贫户。虽说我教过几年书，但那点儿工资对一个积贫已久的大家庭来说简直是杯水车薪。

俗谚说：人穷志短，马瘦毛长。可这句话不适合我，无论多么贫穷，我从来没有过"志短"的时候。

罗总看出了我的自信，鼓励我道："这十里八村谁都知道你黄老师是个有知识的人，我们相信你能把这事做好。"我听着既兴奋又感动。

我们当地以南北流向的涢水河为界，分为河东、河西。以黄寨、张畈、李寨、檀岗等为主的河西自然村普遍比较穷困，河东的平林、何寨、李畈、长岭等村庄相对比较富裕。论其主要原因当属交通，"要想富，先修路"。河东早在新中国成立之初就有 316 国道，后来又修了汉丹铁路，加上平林本就是一个古集镇，不知道从什么时候起，隔一天一个集分为"冷集"和"热集"，开集时，一河两岸十里八村的民众都上这儿"赶集"，平林等地的相对富裕就变得顺理成章了。而河西的各村却是交通闭塞，土地贫瘠。

那时候有一句顺口溜是这样说的：

> 西边务农东经商，
>
> 种田不如买卖强。
>
> 不见东女往西嫁，
>
> 只有西女嫁东郎。

罗总找我组建"河西水泥预制板厂"，他声称办这个厂还可以承接当

57

地的修桥铺路工程。听上去有扶持落后的河西经济的意思，我本人更是觉得此事大有作为。

那时河西相邻的几个村落有个大的环境背景，就是地处丘陵，没有大山深林。仅有的小山丘上的树木也在"大炼钢铁"运动中被砍伐殆尽，找不到以前盖房所需的椽子、檩条等木材了。农村男孩子娶媳妇首先要盖新房，于是掀起一股建房热，用水泥预制板替代木材盖房成为趋势，新式平顶民宅渐渐在农村普及，对水泥板的需求量随之加大。

于是，我找村委会办理了相关手续，开始圈地、平整、搭建临时工棚、铺筑进厂道路等，先期准备工作推进迅速并很快就绪。河东罗总的制板设备、钢筋、水泥等也按约定运送到位，工地旁边的沙滩上就是现成的取之不尽的砂石料。

河西水泥预制板厂如期顺利开工后，引来周边各地用户纷纷前来参观购买，一度出现买卖红火的大好景象。

但好景不长，贫穷的河西有很多家庭想盖房却没钱购买预制板，没有新房就意味着儿子娶不到媳妇，要打光棍。在这种情况下他们开始找各种关系打我的主意——赊账。

起初是和我沾亲带故的人，后来周围几个村子甚至烟店那边半生不熟的人也来赊欠预制板。他们赊账的理由几乎一致：儿子不能不结婚，房子不得不盖。我也知道建厂制板的资金不是我的，可我天生心软，有同情心，经不住各种的软磨硬泡。就这样开了赊账的闸门，一发而不可收拾。

"屋漏偏逢连夜雨"，一天晚上，由于场地值班人不打招呼回家过夜，被盗贼钻了空子。几百块刚刚制作的预制板，里面的钢筋几乎全被抽走！

我得到消息的第一时间报了警，孛畈派出所的民警很快赶到现场，立案、调查、取证，最后告诉我等消息。可这些并没有改变河西水泥预制板厂瘫痪的现实。

几年后的一天，我在武汉的公司办公室，突然接到来自孛畈派出所的电话，说当年盗窃钢筋的人已经抓到，让我回家领取失窃的钢筋。我赶回黄寨老家，发现窃贼原来是同村沟子边的黄某忠，平时交往中"兄弟"不离口的一个人，还是黄氏同门，竟然做出这般落井下石的事情。

警察带我到他家查验，发现被偷走的钢筋都整整齐齐堆放在厢房屋顶的夹层里，这么多年了，他家还是那样的破败不堪、一贫如洗。三十好几的男人，心术不正去偷窃，不思努力走正道，家里能发达吗？我不由得一声长叹，对警察说："算了，这些钢筋我不要了，他想要就给他吧。"

预制板厂瘫痪后，罗总失望至极，决定不再追加资金继续经营了。经过清算，包括欠条外债，我累计欠款总额高达15000元！我主动给罗总写了欠条。那可是80年代末，对当时的我来说这就是个天文数字。我拿着欠条挨个上门要钱，几乎都是徒劳。

因为这事，好心的罗总对我也一改往日的和善，开始不定时找我催债。一天我在家写言志日记，罗总带着他老婆上门来了，只见他老婆的脸色很差，开口就骂我："看你个瘦啦吧唧的穷书生一副寒酸相，你打算猴年马月还我家的钱？"

读书人的自尊心都很强，听了这话我怒火中烧，还以颜色的话到了嘴边还是咽下去换成了解释：我告诉她这钱我一定会还，只是一时没有钱还。欠债还钱是天经地义的事，只要我活着，这账就赖不了。

这次回去后，他们夫妇一纸诉状将我告到了烟店法庭，受理后两个法官来到我家，他们提议用我住的房子抵债。我继续解释：

第一，房子的所有权人是我的父母；

第二，这三间破土房根本不值钱；

第三，我总有翻身的那一天。

就这样直到四年后的1994年，我在武汉挣够这个钱数后，第一时间赶回平林连本带息还清了这笔债，另外从武汉买回了不少礼品，和姑父一起送到罗总家里。

从内心讲，罗总催债也好，起诉也罢，我不怪他们。据说当年他是在银行贷款办厂，那样做也是出于无奈。那个年代，15000 元终究不是小数，被拖欠这样一笔巨款，搁谁都闹心。出于理解，我也一直对他们心存感激。

四、难咽沙市团年饭

蒿桥的梦破、宜昌的苦撑和板厂的跌跤，几乎把我整趴下，于是我沮丧、我郁闷、我彷徨。我完全有理由怀疑我当初的选择，怀疑读书时间长让我变得像个傻子，甚至怀疑人生。

有这么一个故事：在一次船舶遇险中，唯一一位幸存者被海浪冲到一个无人居住的小岛上，他迫切地祈祷老天爷让他早日得救。后来他设法用漂流的木头搭起了一个可以遮风避雨的小茅屋，并寻找可以保命的食物。可是有一天小茅屋意外起火了。他悲愤地几乎晕眩地感叹道："老天爷啊，你怎么可以这样待我！"也许是真情感动了上天吧，次日凌晨，一艘轮船经过小岛，他获救了。

这是不是就是人们常说的"当命运对你关闭一扇门，同时也会为你打开一扇窗"？

可我知道老天爷觉得还没有到为我打开那一扇窗的时候。

跌倒了，爬起来，调整姿势与命运抗争，这是我的性格。

当年我和老二运超一起去安陆二中复读高中，他由原来读文科改成理科，想争取更高的录取概率，和我一样来了个"大循环"，从应届高中一年级读起。我高考落榜后放弃继续复读，对老二说过一句话："兄弟中考大学的指望就只有你了！"

1987 年 7 月，老天爷开眼，一直憋着那口气的黄老二终于如愿考上了大学，走进了"武汉水运工程学院"。

他是自高考制度恢复以来寨塝走出去的第一个大学生。为此，村里特意请来放映组放了一场电影《甜蜜的事业》以示庆贺。"一人考中，全家光荣"，全家人也跟着扬眉吐气。

左起：黄运炼　黄运超　黄运炎

1993 年 8 月摄于沙市中山公园

1993 年，老二大学毕业分配在沙市港务局工作已经两年。由于我的闯荡长期没有得到希望的结果，老二所在的沙市便成了全家人向往也是希望的中心。

老三首先去了沙市，在港务局江边码头承包了一个商店，名字就叫"码头商店"，随后，父母带着我不到三岁的大儿子黄磊也到了沙市。

指望我的"河西水泥预制板厂"能赚点活命钱，最后它却因为赊欠和被盗而倒闭，还欠下一屁股的债。后来，我带着妻子和二儿子黄文驰也向沙市靠拢去了。

小黄磊　1992 年冬摄于沙市港码头

　　来到沙市，我们一家四口租住在植物园旁边外来人口聚集区的一间平房里。为了解决生存问题，我白天贩卖小菜赚菜钱，晚上踩"麻木"（人力三轮车）挣米钱。

　　我这样为了基本生存而卖小菜、踩麻木，没有固定摊位和人力车营运手续，在当时还不被城管和交警允许。

　　隔壁的一对夫妇是热心人，我们刚搬进出租屋就主动过来打招呼。男的让我们叫他"老陈"，曾经是石首县当地农村的小学老师，因为超生违反计划生育政策被辞退，两年前一家人来到沙市做小买卖。他们来得早也没能在菜市场挤个摊位，只能推着菜车四处"打游击"。

　　我告诉老陈也打算卖小菜，但初来乍到，甚至不知道菜市场和批发市场在哪儿。老陈见我戴副眼镜像个文化人，说话文绉绉的，一种疑惑的眼神看了看我，并告诉我说："卖菜没有摊位很麻烦，城管整天四处巡查，遇到临时菜摊二话不说，掀菜、砸秤、扎车胎。"可我没有别的选择。

　　我跟着老陈进菜卖菜，一般凌晨四点我们一起出门，前往江津路蔬菜批发市场批发蔬菜。起那么早是因为要在菜市场大门前能够靠前排队。只等大门一开，大家如潮水一般涌进去，纷纷抢购一手新鲜菜。

我第一次随老陈进菜，进去后稍有迟疑，最后只买回了一捆大蒜。还好，赚了两块钱。

一天，我和往常一样一大早起床，骑着三轮车从菜农那儿买了满满一车大白菜，回到长港路植物园小区侧面的马路边。临近的居民不愿意去较远的菜市场买菜，这里就成了临时菜场。九点钟前后，我的菜还没卖几秤，周围的卖菜人忽然纷纷收摊逃跑，这个场面我应该只在战争片里见过。

我不想跑，若无其事地给买菜人称重。随即围来五个人，一人砸秤，一人掀车，一人扎胎，另两个头头模样的人一旁冷观，做完这些"标准动作"后，一群人立马钻进面包车扬长而去。

大白菜撒了一片，被过往的车辆直接碾过。我把能用的菜逐个捡回来，旁边的老陈夫妇也来帮忙，扶正三轮车，把菜装回去，数了数还有三分之一。

那天，我没有继续卖菜，剩下的大白菜自己留着。车胎要补，新秤要买。

晚上，老陈拿了一杆秤来家串门，他说白天的事他见得多了，还说送杆秤给我，并小声告诉我这杆秤上的小秘密，我觉得不妥没有接受。

补胎的时候，我还为这辆三轮车加了几个活动装置，配了封闭车棚和带皮坐板，方便白天卖菜，晚上当"麻木"。

当年老陈夫妇的热心我一直记着，很多年后我有机会再次去沙市，还专门去找过他们。和当初相比他们也都老了不少，小丫头也已成家，儿子也成年了。老两口做起了蔬菜批发，不像以前起早贪黑那么辛苦了。

和其他城市一样，那时的沙市也没有多少私家汽车，人们出行多骑自行车或者出租车，"麻木"便宜，所以有一定的市场。但是外地人办不了当地的人力车营运执照，我只能踩"黑麻木"。

当时的沙市有一拨所谓"协警"，专门抓"黑麻木"罚款，好在他们不上晚班。天黑我就有机会出门像老舍笔下的骆驼祥子那样木讷着脑袋、用勤快的脚步对有需要的客人迎来送往，几乎走遍沙市的大街小巷。

一次一位女士换煤气罐，我送到楼下后准备离开，她说罐子太重，要我帮忙扛到五楼，给我五块钱。送到后，她要我顺手把煤气罐接上煤气灶。这下尴尬了，我没用过这东西。不知道为什么，我最怕在女人面前丢面子。好在这活儿很简单，拧上去就好了。

还有一次天已擦黑，我给人送满车的瓷砖，中途需要经过一个又长又弯的陡坡。满车太重，一个人肯定推不上去了，只好先卸下一半，边推边向回看，直到半坡快看不见底下瓷砖的地方把砖卸下，返回来拉上另一半直接推到坡顶，再返回拉上半坡上的瓷砖。这么一倒腾就到了深夜，赚了10块钱。

左起（小孩）：黄苗苗 黄艺茹 黄文驰

1993 年摄于沙市中山公园

　　1993 年腊月底，要过年了。除夕夜，老二文惠夫妇邀请大家到他们家里吃团年饭。

　　按照以往的惯例，吃团年饭的时候就像公司甚至国家的团拜会一样，总结过去，展望未来。对此，那个时候的我恰恰是最不愿意面对这种场面的，我一筹莫展，无可奈何，无颜面对，没有任何可以拿来总结和展望的东西。

　　因为是春节，街上的城管们也放假，不抓"黑麻木"了，而且坐麻木的价格要比平日高出很多，所以我早早上街踩麻木。临出门的时候我已经做了不吃团年饭的准备，但当时如果说出来会扫了大家的兴。

　　沙市那时还没有通火车，所以我直接来到长途汽车站，那里有太多外地回家过年的人需要及时与家人团聚。

　　就这样不停地往返于车站与各家之间，我很清楚家人们都在等我，只是不像现在有手机可以打电话。可我不想回去，这个犟劲一旦上来，十头牛都拉不回去。

左起：黄文驰　黄磊　1993 年 12 月摄于沙市植物园

　　就在这个不同寻常的除夕夜，我不知疲倦地踩了整整一个通宵的"麻木"。直到初一早晨 8 点，我想我该回去了。回去之前，我从全部收入的80 多元中拿出 40 元，买了一件人造革皮衣，算是给自己买了件过年的新衣服。

回到老二的家，弟媳文惠热了热昨晚专门留给我的"团年饭"，我很饿很想吃却怎么也咽不下。不是味道不好，是我自己赋予了这餐团年饭太多的非物质成分。

大年初一，我和往常一样上街踩着"麻木"，整个人也是麻木的。那天照样很晚才回到出租屋，一间不足 20 平方米的平房，环顾四周都是些旧家具和从城里买回的极其简陋的日常用品。

看着妻子和两个可爱的儿子，惭愧和内疚强烈地撞击着我的心。大人生活苦点没事儿，几岁的孩子，正是长身体需要营养的时候，耽搁了孩子，我一辈子都不能原谅自己。

第五章　亲情爱情

——我的情感与遗憾

　　人生的试卷没有橡皮擦，写上去就不能更改，就像生活没有彩排一样，每天都是没有剪辑的现场直播，所以遗憾在所难免。太年轻的时候不懂爱，更不懂珍惜。说实话，我至今也不明白爱究竟是何物，为什么人们为了它常常死去活来。

　　而亲情却显而易见，我们之所以如此留恋这个世界，我的理解都是因为有亲情的存在。

鸟海山亭

一、被流言吹散的初恋

我的初恋来得有点晚，发生在我成为乡村英语教师之后。

那时，教师的节假日多，回到家里可以做农活，到季节了就种植食用菌，孵化小鸡仔。种植食用菌技术含量较低，很快市场上的产品多了，我也就没再继续种了。

孵化技术要求相比较高，还有一定的风险，周边做的人比较少。所以，每年一季的小鸡仔孵化还会继续。

那是一个周末的上午，我挑着两大箩筐毛茸茸的小鸡仔去平林赶集。正和购买的农户讲解饲养方法，一个女孩来到跟前。她弯腰朝箩筐里的鸡仔"嘘"了一声，吓得它们往一旁打着堆儿。接着起身微笑着看了我一眼，正好和我看她的眼神来了个对对碰，我的心像是被电了一下。女孩特别漂亮，尤其眼睛好看，微笑时还露出一双小酒窝儿。这是短短一瞬我读出的信息，然后迅速转移了思绪，开始疑惑这女孩干吗来了。

见我一脸疑惑，她嫣然一笑，很大方地问了我一句：

"你就是黄老师吧？"我的疑惑更深了，反问道：

"你认识我？"

"我叫徐曼，我妹妹在你班上读书，她叫徐慧。"嗯，我知道这个学生，印象中成绩不错，长得挺瘦，平时不怎么说话。

正要和她介绍她妹妹的学习情况时，又有几个买小鸡儿的人围了过来，然后，她的背影便消失在人群中。

论成熟期，我比同龄人晚了一两年，小时候缺营养，加上多年的苦读，一米六多点儿的身高，体重不足百斤。二十四五岁的我似乎忘记了青春是种什么感觉！

中学的时候，班上也有同学早恋，但多数是出于对异性朦胧的好奇心，有花无果。杜庙高中时候的女同学徐大珍，住孛畈街，商品粮户口，我比其他男同学跟她多说了几句话，再就是我去过她"铁匠铺"的家几次。安陆二中时给我取外号"村支书"的女同桌，被我写进了《晓云婚事》，人家更是吃商品粮的城里人。她们对我，我对她们，充其量只是有点儿好感，还隐隐约约、朦朦胧胧带有那么点儿男女情感。

从平林回来后，心依然比平时跳得快一些。我找到也做孵化的堂弟黄运友，还没等我介绍完，他就开口了：

"哦她呀，我太知道了。她家就在垸北龙山对面的徐家垸。"接着又补了一句："这个女孩也在做孵化。"原来他们早就认识，又因为是孵化同行，经常来往交流孵化技术。

那个年代人们的思想都比较传统甚至保守，一个女孩，还是一个非常漂亮的女孩，却做着很多男性都做不了的事情，这是何等的勇气！好奇和好感在驱使我向这个女孩靠近。

由于运友的关系，我们三个人经常一起交流孵化和市场话题，有时候都在平林街卖小鸡儿，有时直接串门到对方家里的孵化现场，我和她还会聊聊她妹妹读书的情况。她不仅人长得漂亮，性格也很好，非常爱笑。有时候在睡梦中，耳边还常常回响起她那朗朗的笑声。

也许是彼此都很有好感吧，这一来二去我们很快就成了好朋友。

几个月后，一场风轻云淡的爱情在我俩之间悄然生根。每到周末，我们就会在两个家庭之间的那段不到一公里的乡村小路或者田间地头边走边聊。两个人由开始的相距两米走路，慢慢到贴着衣服，再到手牵着手。当然，一旦有路人看见或经过，两个人的手就会立马松开。

女孩不仅做孵化，还做着"下汉口"的生意。孵化季节结束后，她接着做她的"下汉口"营生，走乡串户收鸡蛋、鸡鸭鹅以及兔狗什么的，去汉口黄经堂菜市场出售。我则回到学校重复"ABC"教学和函授课程的学习。

坊间有种名不见经传的说法：说子女的性格和长相，与在姊妹中的排行有关。男孩中，老大霸道，善指挥，但说多做少；老二忠厚内向做实事；老三精明能说也能做。女孩和男孩在这方面差不多，但排行老三的往往是女孩中最漂亮的；从性格遗传角度，大男孩像妈妈，大女孩像爸爸。不知道这种说法有没有科学依据。

徐曼是老三，不仅在家最漂亮，就是在临近几个村里也名列前茅。那个时候"下汉口"那群人可谓都是"生意精"，会精打细算还要性格泼辣、力气大能吃苦。所以男性和已婚妇女居多。没出阁的女孩少之又少，这其中就有她。

生活中，常常总有意料之外的事情出现。

一个周末，我在房间的窗户前看书，一个小伙子突然来到了我家院子外。看上去他身高不到一米六，穿着时尚就是搭配不好，头发梳得根根顺，油光可鉴的，估计苍蝇落上去都会打滑。

"黄老师在家吗？"他扯起嗓门大声喊道。

我早看见他了，只是奇怪找我干吗。我走到院门边，因为不明来意没让他进来。接着他又开口了：

"我叫张承七，畈上的，你可能不晓得，徐曼是我的女朋友。现在跟你说了，你知道应该怎么办。"

"你真是个横人，徐曼是谁的女朋友，是你说了能算的吗？"他来者不善，我答者有意。心想：瞧你这副德性，打死我也不信徐曼会看上你！

见我没有让步的意思，那人又补充道：

"我们一起下汉口几年了，蛮多人晓得我在追她。"

这话我信。可就因为你追她，她就是你女朋友吗？这样横蛮不讲理的人正应了那句话：没文化，真可怕。

不管怎么说，平白无故发生这样的事，人就像吃了只苍蝇，郁闷、难受尤其恶心。

我还是照常和徐曼约会，就当什么事情没有发生一样。一次无意的漏嘴，证实了我的判断，她斩钉截铁地说：

"和他永远没有可能！"

我自诩为读书人，视金钱如粪土，有点一根筋甚至自欺欺人。因为在我的潜意识里，"生意""买卖"这类字眼带有浓厚的铜臭味，它与"重利轻义""尔虞我诈"存在着某种关联。直到现在我的脑海里还是希望用"经营""事业"来加以修饰。

人生一世不可能只为填饱肚子，所作所为也不可能就为利来利往。我们需要有点精神，不然真成了"人为财死，鸟为食亡"。

有了这样"净化"的心境，我觉得徐曼作为一个漂亮女孩子，每天抛头露面走乡串户收货，每天和那群人车来车往、不分昼夜"下汉口"，每天做着和对方讨价还价盘算数钱的事情感到惋惜甚至颇有微词。

后来，一个亲戚有口无心的几句话彻底断送了我和徐曼的感情。

他叫程志，也是张畈人，一个远房亲戚，年龄比我小点但却是我的长辈，我叫他"干爷"。有一次串亲，聊天聊到了"下汉口"的事情，在当时，那群人算上是"有钱人"，可能有点遭人羡慕嫉妒恨吧，分明再正常不过的人际关系硬是被塞进去一些"风流韵事"当佐料，来填充人们的空虚心理。

"下汉口那帮男女，坐车时经常有女的靠在男的肩膀上打瞌睡，有时干脆躺在位子上把头枕在男的腿上。"他就随口一说，没有指名道姓。

本来没什么，百把斤重的货物，搬上搬下肯定很吃力，上车了应该好好休息。可我还是觉得心里不是个滋味。

很巧合的是，恰恰这个时候，我调去了杜庙中学工作，半个月才回家一次。慢慢地，我和她联系少了，非常遗憾没能一起走下去。

我知道问题出在我的思想上，不知道是不是每个人的初恋都像我这样有刻骨的遗憾和愧疚。

二、憾别笛子姻缘

我重返校园再次从高一读起，这个学校就是青龙高中。从某种意义上说，青龙是我改变命运的开始，不仅因为当年的返校读书为后来的工作和创业打下了坚实的文化基础，同时在这里我找到了和我相伴多年的妻子。

时隔几年，当命运安排我以教师的身份再次来到这里的时候，一草一木、一砖一瓦还是那么的熟悉、那么的亲切，印记中的读书场景还是那样的记忆犹新，那样的触景生情。

青龙潭，在历史上是个繁华的古集镇，这里文物级的石墩、石磨和石槽等，显示了这个古集镇深厚的文化底蕴；老街的青砖、红瓦、白墙，加上木质结构的房屋，形成了具有水岸码头特色的风格。它位于黄寨顺涢水向南四公里处西岸，河水由北流经此地，遇到了巨型青龙石而回旋向东，形成一个大水潭，青龙潭因此得名。

青龙潭北边有个卫生院，一位本家叔叔是这里的院长，我时不时过去坐坐，和叔叔讨教关于健康方面的知识。卫生院对面是一家小卖部，每次周末回家和返校都需要从其门前经过，偶尔也进去买些文具、日用品什么的。在小卖部守店的是一位约十七八岁的小姑娘，不知道为什么每次过往都会多看她一眼。

与我一起到青龙学校任教的还有舅表弟兼同学莫光涛，学校的其他老师都住在附近，每天早去晚归。就我和表弟住在学校宿舍，所以下午放学后都会外出走走逛逛。

我喜欢吹笛子，很多个傍晚，我俩常到小卖部前面小丘上吹奏几首流行歌曲，其中的《草原之夜》是我最拿手的一首曲子，那悠扬的笛音在满天暮色中传得很远，当然也会传进小卖部，我更希望传进那位姑娘的心里。

每次到小丘上，我都会吹奏当时不同的流行歌曲，比较多的是电影《甜蜜的事业》主题曲《我们的生活充满阳光》，《闪闪的红星》中的《红星照我去战斗》，还有《红日》中的《谁不说俺家乡好》以及台湾校园民谣《童年》《外婆的澎湖湾》等，只要会唱的歌曲就会用笛子吹奏出来。

当笛声响起的时候，小卖部的姑娘偶尔会出来注视一下小丘上的我们，有时还会下意识朝这边走出几步，但又折返了回去。我想她是不是知道我俩是学校的老师，想过来打个照面，却碍于女孩本能的羞涩又折返了回去。

这个推测在我们返回宿舍路过小卖部去买东西时得到了证实：

"你是黄老师吧，笛子吹得很好听的！"她说，"我一个亲戚家的孩子在你的班上读书。"

这也太巧合了点儿吧，这和当年徐曼第一次见面打招呼说的竟然几乎是同样的话！

回到寝室，脑海里一直反复回放着当时的情景，我在想我可能是心动了。情愫这东西一旦在心底萌芽，就会不受控制地生长。

接下来的好几天，我没有去那个小丘上吹笛子，也没有舍近求远去那个小卖部买东西。直到两周后的一天，我特意买了两瓶酒去卫生院看望本家院长叔叔，想请他和婶婶替我提亲，对象正是那个让我魂牵梦绕的小姑娘。

　　自那天之后，我除了上课就是度日如年地等叔叔那边的消息。终于在不久后的一个周末，我路过卫生院门口准备回家，叔叔叫住了我。

　　我忐忑不安地进了屋，叔叔开口了："你家里的条件差，我都跟女孩的父母实话实说了。人家从乡下搬到青龙街，原本是不同意这门亲事的。可人家家长通情达理，认为这是孩子自己的事情，尊重孩子的想法。女孩知道你是读书人有文化，同意先交往看看。定个日子由你婶婶带你去女方家看看吧！"

　　我出门离开的时候，叔叔又补充了一句："对了，那女孩叫蔡清。"

　　过了几天，叔叔定了时间，婶婶带着我见了女方的家长。未来的岳父只强调了一点，希望我们将来把新家安置在集镇上。

　　我又和往常一样去那个小丘上吹笛子，不同的是坐在身边陪伴的不再是我的表弟，而是蔡清。

　　在青龙学校任教半年后，我被调去桃园学校代了半年课，之后又回到青庙学校。虽然和青龙的空间距离在加大，但和蔡清的心却在靠近。从青龙至桃园、从青龙到青庙，一路上都留有我们俩漫步的身影。

　　认识蔡清两年后的1988年腊月初八，我们在黄寨老宅请了四桌酒席，其中老亲戚三桌，学校同事一桌。没有仪式、没有庆典，更没有誓言，就这样结婚了。

　　婚后，我们有过一段非常甜蜜的日子。婚后三年，我们的两个儿子黄磊和黄文驰相继出生，给我们的小家庭带来了很多欢乐。蔡清也尽心尽力操持家务，照顾老人孩子，把家里打理得井井有条，让我可以全心全意投入事业的打拼中。

　　我很感激蔡清在婚姻中的付出。遗憾的是，同甘共苦多年，我还是在奋斗的过程中不小心把她弄丢了。

　　也许，我们俩的分歧从一开始就客观存在，只是因为那时年轻，爱也正浓烈，所以被我们有意无意地忽视了。我知道她关心我、在乎我，只是随着我事业日渐走上正轨，她对我的控制欲也越来越强烈，这一度让我喘不过气来。不知道为什么我在北京的一举一动甚至一言一行她竟了如指掌，就似亲眼所见一般，这种情况长达十年之久。

我真不知道如何才能让她放心。只要她心里产生某种猜疑，就会开启"夺命连环 CALL"模式。为了消除她的一点点小误会，我有时要和她通话一百多次。在这种天长日久的拉锯战中，我对婚姻的热情被消磨殆尽，对她的感觉只剩下"怕"，只想逃离。

经过长达四年的离婚过程，2006 年，我们离婚了。现在回想起这个过程，就像重新活过一次似的。

一段婚姻的失败，双方都有责任。回望开始时的美好，结束时的遗憾，我在很长一段时间里走不出来。如果非要总结点儿原因，我想大概有三点：

一是我们生活在一个浮躁的社会中，长期分居造成了彼此信任的严重缺失。

二是所谓的"在乎对方、太爱对方"正好加重了自己的猜疑心，反过来恰恰伤害了对方。

三是新时代"门当户对"一样很重要，包括男女双方的教育程度、三观体系、成长环境、生活习惯和兴趣爱好等。

我在极度贫穷的环境中长大，这种环境炼就了我坚韧执着、永不服输的个性，也因为这样的个性成就了我所谓的"事业"。同时，极度贫困环境也造成了我明显的性格缺点：我行我素、自尊心强、不爱沟通、大男子主义以及犟脾气等。虽然过了"知天命"的年龄后各种缺点开始淡化，但过去由此错过的人和事却再也回不来了。

能一起走进婚姻的男女，个个都是信心百倍、满怀希望，人人都想过一辈子。除非万不得已没有谁愿意离婚，毕竟伴随离婚的是很多不可复得的失去。可是若在婚姻中已经找不到任何幸福的时候，那就没必要坚持了，因为每个人只有一辈子。

三、送儿留学喜忧参半

中国之所以不流行"成人礼"，我的理解是，在父母眼里，孩子成年后还是孩子。也因此，父母有理由"爱"无止境。历史上的慈禧尽管是个颇具争议的人，但她的一首《祝母寿诗》却被广泛流传："世间爹妈情最真，泪血溶入子女身。殚竭心力终为子，可怜天下父母心。"

就子女的学历而言，我的要求是确保在社会同龄人的平均学历之上。如果平均学历是高中，那我的子女就应该上专科或者本科；如果大家都上本科，那他们就得读硕士或者博士。这样，将来走上社会，无论是工作还是生活都有底气。

1989年8月26日，大儿子黄磊出生。取名磊，一是见证孩子出生在黄寨这个石头累叠的穷乡僻壤，二是希望孩子堂堂正正、光明磊落做人。

那个时候我家可谓一贫如洗，妻子生黄磊的时候，家里一点儿荤腥都没有，母亲从灶屋端出一大碗"油油饭"（方言，就是现在的炒花饭），权当是给"月母子"补充营养。

喜当爸爸的我感觉身上的担子更重了，压力更大了。我不能因为自己的挫折和贫困影响到下一代人，待在家里我什么也做不了，什么也改变不了。所以，我选择走出去，为自己的前途去创造，为家庭生计去创造，为孩子成长去创造。

当我在葛洲坝苦撑的时候，一岁多的黄磊由妻子带着坐火车到宜昌找我。看见儿子又瘦又弱，一副严重缺乏营养的样子，我流下了心痛更是惭愧的泪水。

黄磊两岁多的时候，二弟运超已经是沙市港务局的一名科班出身的小领导了，黄磊被我父亲带着去了二弟家，在那里，孩子至少能吃饱肚子。

1990年11月24日，小儿子黄文驰出生在黄寨老家。取名"文驰"，"驰"代表马年出生，寄希望于孩子在"精神和物质双文明"的大道上策马奔驰。

文驰出生的时候我正在宜昌卖菜，作为两个孩子的父亲，我还是那样的贫穷，甚至连奋斗的方向在哪里都不知道。不久，我两手空空又回到黄寨老家。

在家开办"河西水泥预制板厂"亏损之后，我带着妻儿也向运超所在的沙市靠拢了过去。在那里，我白天卖菜，夜晚踩"麻木"，算下来一天大约可挣20块钱，够一家四口的米饭钱。

在沙市租住的平房里，那天因为给一个经营瓷砖的老板用"麻木"运送瓷砖，晚上快十点才回到出租屋。孩子们因为等我还没有睡觉，看见我进屋后重重地坐在椅子上，就急忙围过来问我："爸爸，您是不是累了？"我摸着孩子们的头，心头一热，眼泪"唰"地掉了下来。我问自己：怎么就把日子过成了今天这个样子？

孩子在一天天长大，这哪里是孩子成长应该待的环境？如果因为我自己的无能耽搁了孩子，怎么得了！

睡觉的时候我辗转反侧难以入眠，妻子问我是不是有心事？我告诉她我担心这样生活下去看不见希望，想把文驰送给一个条件好的人家抚养，妻子沉默了，什么话也没说。第二天一大早，她一脸沮丧地出去托人打听，她托的那个人是我们出租房的邻居，来自公安县。那人在沙市有一个亲戚，两口子都是商品粮户口的单位职工，家里条件还好，就是没生孩子，正想领养一个小孩儿。

妻子把这事告诉我的时候，我本能地心慌了，不行，不行，绝对不行！

我不能服输！我决不认命！

世间万象，物极必反。在经历了无数次的抗争也未能使自己走出困境的时候，一个偶然的机会，得到了几个老乡在武汉做公司的消息。于是，当黄磊上了沙市二小后，我只身一人离开了"人生最低谷"的沙市，怀揣虔诚更充满期待和希望来到武汉，开启了我人生命运的转变之门。

从鲁巷吴家湾的挂靠经营开始，到入驻大学科技部的升级挂靠，我在经济上的窘态出现转机。这个时候我第一时间想到的是，迅速将在沙市的妻儿接到身边。

于是，黄磊从沙市二小转校上了鲁巷小学，黄文驰也进了鲁巷幼儿园。一家人租住在学校附近"下钱村"鲁家三层楼中一楼的套房里。

鲁家有个儿子和文驰同班，那个时候人们"城乡差别"的意识还很强。为了让孩子和城市的同学"平起平坐"，不至于在户籍上和心理上输在起跑线上，我交完规定的"城市增容费"后，把一家人的户口从农村老家迁到了武汉关山。

在科技部的经营，让我有条件结束在城市租房住的日子，很快就在雄楚大街的一个小区，第一次购买了一套属于自己的房子，给了孩子也给自己一个真正的家、一个有城市户籍的城市的家。

江夏有所被称为"贵族学校"的武汉华一寄宿学校，学校是封闭式管理。教学质量很好，就是学费有点儿高。在那所私立学校，黄磊、文驰以优异成绩顺利读完初中课程。

1998年秋，为了给事业争取更大的发展空间，我来到北京。2001年年底注册益加益公司，事业在一步步向前推进。

左起：黄文驰 黄运炎 黄磊
2011 年 10 月摄于悉尼歌剧院前

2005 年前后，社会上流行一股留学热潮。一天，我打电话给刚在武汉华师附中读高一的黄磊，问他想不想出国留学，并且让他考虑一周后再作答复。一周后黄磊的回答是"YES"。

于是，我在北京用了两个月的时间办理好了全部的相关手续，2005 年 8 月 25 日，一家人在北京首都机场国际通道，目送黄磊乘坐的航班飞离机场，11 个小时后到达澳大利亚的阿德雷德大学。那天，是黄磊 16 岁生日后的第 6 天。

从机场返回的路上我在想，孩子留学是不是早了点儿，年龄太小，在异国他乡，要一个人面对陌生的一切……

不曾想，这一去就是 16 年！

其间，黄磊读完研究生课程后，我曾多次要求他回国创业或者上班，不知道为什么他就是不愿意。还和一位上海留学生吴蒙结了婚，并且选择了定居悉尼，依靠不算高的工资，吃力地维持着在澳洲的生活。

左起：阮臻高洁　黄文驰　黄磊　吴蒙

2011 年 10 月摄于澳大利亚悉尼港湾

这个结果，应该说有违当初我送他出国留学的期待。

社会上有种说法，男孩子从小要和父亲一起生活，长大后有男子气概，有霸气，善决断。可我必须走出去创造，没办法和孩子待一起。不知道黄磊的不够霸气是否与这个有关，只知道这方面他不像我。

因为常年见不着面，我的心里对远在海外的黄磊有太多的牵挂。

小儿子黄文驰在洪山高中毕业后，参加了高考，被某大学录取后没有选择就读，于 2012 年 2 月 16 日走上了首都机场和当年黄磊走过的同一个国际通道，登机去了澳大利亚的悉尼大学，那一年文驰 18 岁。

这一去又是 8 年！

文驰研究生毕业后在堪培拉工作，不久选择了回国，之后和一位安徽的留学生悉尼大学同学阮臻高洁结了婚，安家在武汉。他们生了一对双胞胎儿子黄亦帆、黄亦航，2016 年 4 月 13 日出生，一家四口幸福地生活在汉口。

和黄磊不同，文驰在成年后出国留学，且在国外时间相对比较短，回国后能及时调整心态，也很快适应了国内的各种环境。现在加入了我们的

左起：黄亦帆 黄亦航
2021 年 7 月摄于武汉

企业，因为性格相对外向，文化基础相对扎实，各方面能力提升较快，我们都很看好他和他的小家庭。

客观地讲，我送两个儿子出国留学，带有一定的盲目性。或许还有富裕之后满足虚荣心的成分。留学本身，能扩大视野、增长见识、了解和学习西方文化，但同时容易使人好高骛远，甚至眼高手低。而且长期旅居国外，可能淡化国内人脉包括朋友圈，回国后短时间内难以适应国内各种环境，从而产生各种不利影响。

还有，从效果上看，孩子未成年不宜出国留学。总而言之，孩子留学有利有弊、有喜有忧。

86

第六章　闯荡武汉

——绝地反弹终有时

　　没有一个冬天不可逾越，也没有一个春天不会来临。曾经的诸多经历或者失败，已经把我逼到山穷水尽的境地。而我始终坚信会有柳暗花明、峰回路转的那一天。如果再乐观一点儿，那些走过的路、那些吃过的苦、那些流而不滴的泪，终究会成为成就美好未来不可或缺的一部分。

匠心往世

一、半年打工路

孩子们在一天天长大，而我每天累得筋疲力尽也只有二三十元的保命收入，尤其是看不到任何希望。我从骨子里不愿意一代一代地贫穷下去，为了孩子我必须把"贫穷"两个字从我的生活里抹去。

回想起经历过的那么多沟沟坎坎，我似乎一直徘徊在近似"魔咒"般的圈子里不能自拔，也就是说，我还并没认清我自己。那么久以来，我一直在用自己的短处去拼别人的长处，结果四处碰壁，以致伤痕累累。

于是，我开始歇斯底里地搜索自身的优势或者特点，想起做"文化"、做"用脑"的文章。

时间的年轮转到了1994年春，带着如梦初醒的又一个梦想和兜里仅剩的80元钱，我离开了沙市，坐上了前往武汉的长途班车。

前去武汉要特别提到一个人——莫光涛，我的舅表弟、高中同学和青龙学校一起教书的同事，也是后来我事业上重要的合作伙伴。

我到武汉的时候，他已经在鲁巷（即现在的武昌光谷）他同学的公司打工三年。见面后他介绍说一位同村老乡在阅马场中华楼开了一家公司，已经打过招呼让我前去应聘。

太多不堪的经历让我非常希望拥有一份私人公司的工作。我想，做这样的工作不在工作本身能有多少工资，而在"入行"。

我若有所思地走在阅马场前往中华楼的人行道上，突然被一个坐在路边的算命先生拦下，他说他要为我算命。

我从来不相信一个人的命运是先天注定的，只相信努力争取。以前在老家的时候还当面戳穿过"马脚"（巫婆）替人算命的伎俩。

可不知道这次是怎么了，是不是因为之前太多的辛酸苦辣和曲折坎坷让我无所适从？我有点儿想听听这个老头怎么说。于是我问他算一个命多少钱，他说不多就五元钱。我摸了一下口袋，够了，随后就在他对面坐了下来。

算命先生先是问了我的出生时间和时辰，然后煞有其事地上下打量了一番，一本正经地说：

"你命里有两个儿子和一个女儿。"

"老头儿，你算错了，我就两个儿子。"我反驳道。

"你会有的。"他很肯定地补充了一句。

老头儿接着又说：

"从你的时辰八字推算，你要开始转运了，而且今后一定会很有钱！"

这句话我很爱听。我笑了，可我知道那是苦笑。他又拿起我的一双手朝太阳那边看了看说道：

"尽管你能赚很多的钱，但是你人太善，手太松，都会撒出去，存不了多少钱。"

"可为什么呢？"我很纳闷儿。

"看看你手指间并拢后还有几条缝隙。"说着让我也朝太阳方向看了看自己的手。

我心想，只要"很有钱"就行，有钱才有可能撒出去嘛。听着高兴就别5元了，我把身上仅剩的一张20元票子都给了他。

我很快来到老乡的公司，老乡和我是同村，见了面才知道他还是我在青庙教过的学生！见面后二话没说，他直接安排我做公司办公室主任，主要负责业务接待，月薪 230 元，每成交一笔提成 20 元，当天即为上班的第一天。

第二天我被安排单独出了一趟差，到湖北通城县公证处为客户公证一份合同。顺利完成任务后于当晚回到公司，学生老总告诉我，以后我就是公司业务接待第一接待人。

我的努力没有让自己和公司失望，在接下来的 6 个月里，我游刃有余地接待和成交了众多客户，为公司创下了高达数十万利润的同时，也为自己攒下了一万元的积蓄，我知道这个钱刚好够还清当年欠下平林罗总的债。

尤其有意义的是：我好像知道自己适合做什么了。这段经历给我指明了方向，让我找回了自信。和以前做过的太多事情相比，与客户进行业务谈判，我感觉是如此的得心应手，这般的游刃有余。

二、鲁巷"三结义"

回想近四年的颠沛流离，我在逆境中前行，在苦难中坚持，在黑暗中摸索。我用身体去试探前面的路，是荆棘就流血，是悬崖就碎骨。老天爷不会告诉你应该走什么样的路，适合自己的路只能用自己的脚走出来。

我开始有了自己做公司的念头后，于年底前辞了阅马场公司的工作。因为心牵河西水泥预制板厂的欠款，我便回到老家，买了几十斤水果来到平林罗总的家里，想跟他商量能不能暂还 1 万元，剩下的 5 千元来年再还。爽快人就是不一样，他同意了。于是我揣着剩下的 5000 元回到武汉，计划找人合开公司。

第一个要找的人自然是莫光涛，不知道他为什么能打工快四年而没想到自己单干。他说他这个同学老板承诺过，再干一年会在老家安陆城为他买一套商品房，按照当地当时的楼价，一套 100 平方米的房子差不多需要 5 万元。

这个诱惑也是真够大的，可我还是坚持说服他走出来一起干，他同意了。因为这个，据说他那位同学对我意见不小，说是我挖走了他的得力干将。

光涛积攒了 9000 元，加我的 5000 元，少了点儿。我们商量去随州找共同的老同学凌金诗，让他也加入进来。

老凌在他的老家养猪养鱼，听了来意后卖了猪，转了鱼塘，凑了5000元。三个人的钱加起来19000元，注册公司还是不够。我回老家在信用社贷了2000元。这样，三个人共筹集了21000元，只有这么多了。

不管三七二十一，先干起来再说。

就这样，我们仨在鲁巷附近的卓刀泉租了一套三居室，吃住一起。开启我们的"造梦"之旅。

面对钱不够的问题，我想到了"挂靠"，用别人现有的公司做自己想做的事情。

黄运友，1965年出生，是我同一祖父的堂弟，我创业过程中的两度合作人，近族中与我走得最近的兄弟。因为他名字中的"友"是"油"的谐音，我名字中的"炎"的谐音是"盐"，我们俩常用"油盐不分家"来比喻彼此间的亲密关系。1995年他在鲁巷吴家湾特1号的部队门房开了一个公司，从事电子产品的加工业务。

我找到他说明来意，我们一拍即合，双方约定：他的公司收取年管理费20000元，每季度5000元；我方经营项目自主，但不能与他的公司雷同。我告诉他，我们经营的项目是"农村儿童玩具"，选择这个项目源自我童年时候的"玩具情结"。

这是我们之间的首次合作，二次合作是后来在北京的时候。

交完5000元"挂靠"费后，我们三个人就用余下的16000元钱作启动资金，以农村儿童玩具作为创业突破口，各司其职、各负其责。

就分工而言，我年龄比他俩大，是总负责人，主做文字类事务。莫光涛管财务兼技术。凌金诗管业务兼进出货物，彼此分工协作、各尽所长。股份占比：无关出资多少，都是三分之一。

印象中，凌金诗是第一个叫我"老黄"的人，他说这么叫不单指年龄，主要是尊重，那年我33岁。或许我也是第一个尊称他为"老凌"的人，他比我小一岁。莫光涛 1966 年出生，年龄最小，我和老凌就直接叫他"光涛"。

在我看来，在私有企业里面称呼并不重要，怎么顺口怎么叫。直到今天我依然不习惯别人称呼我"黄总"，总觉得带有金钱的味道，没有"黄老师""老大"或者"老黄"听着顺耳。

上班的第一天，三个人默契地伸出右拳碰在一起，异口同声地喊出了"竭尽全力、背水一战！"这八个字是表决心，更像是"鲁巷三结义"的宣誓词。

三、久旱逢甘霖

汉正街——武汉最古老的商业街之一，二十世纪初就有"十里帆樯依市立，万家灯火彻夜明"的景象。二十世纪八九十年代更是全国著名的小商品聚散地。

锁定农村儿童玩具项目后，我们随即前往汉正街，那里有刚刚面市的各种"新、奇、特"儿童玩具，琳琅满目且堆积如山。按照"廉价、小巧、新奇、益智"的选择标准，我们共选出了八种符合农村家庭消费水平的儿童玩具，分别登记货源供应、批发价格以及联系方式。

产品入库后，我根据其特性分别起名、编号、拍照、组织文字说明，然后编辑广告语。准备以"打广告促销售"的经营模式，在农村发行的报纸、杂志等平面媒体上广而告之。广告中标出样品价、批发价、公司地址、联系人及联系电话。

经过分析产品的购买对象以及媒体的发行对象确定了下面几家报刊：湖北发行的报纸《农民之友》《楚天都市报》《古今故事报》和上海杂志《故事会》。

就广告费而言，在《农民之友》报刊登一版 600 元，《楚天都市报》和《古今故事报》分别 700 元，《故事会》杂志 3000 元。

按照计划我们第一批广告投入五千元投石问路，然后根据不同媒体的反馈情况再作下一步安排。

广告刊登后的等待是漫长的，而漫长的等待备受煎熬。

这不，帮我们烧火做饭的邓小红女士就受不了这个煎熬。在卓刀泉租住的三居室里，主卧住着莫光涛、邓小红夫妇，我和老凌分别住另两个房间。

那天下午下班后，老同学熊远虑过来串门，四个人坐在居室外聊天，小红在厨房准备晚饭。因为广告刊登后快20天了，虽然偶尔接到一些客户电话，但一直没有成单。眼看账上的钱越来越少，大家嘴上没说，心里可都着急了。

可着急也没用啊！为了缓解压力，四个人分两对下象棋。老凌和老熊先下过一盘，轮到光涛和我了，刚下到一半，只见小红从厨房气冲冲走到跟前，二话不说把棋盘掀了，并朝光涛恶狠狠吼道：

"你们都快要饭了，还有心思下棋！"

这一突如其来的举动，让所有人都吃了一大惊。两口子很快就吵了起来，小红边哭边往外跑远了。一场同学叙旧会连饭都没吃就这样不欢而散。

老熊走后，我们三个人连夜分头找小红，直到深夜终于在鲁巷商场外一个角落里找到了。她蹲在墙角，隐约还在哽咽。

说来也巧，他们这一架还真把生意给吵来了。第二天早上，我们刚到办公室，就听见院门外有人喊："邮局的，有你们的汇款单！"光涛赶紧取回汇款单，大家一看，金额：166元，用途：购买玩具样品。附言：计划做玩具代销商。终于开张了！

为了庆祝开张，我们把这个166元当了那天晚上的聚餐费。

接下来的日子，每天都能收到汇款单，而且一天比一天多了起来，直接上门购买的客户也在增加。大家听电话、做登记、接待客户、进货发货、安排广告等，工作越来越忙，需要增加人手了。

于是，老三运炼成为新加入的第一人。随后不久，业务量进一步扩大，其他人的亲戚朋友也陆续加入其中。

经过接下来的合力经营，我们产品的购进由汉正街转到了物品源头——浙江义乌。进货车辆不再是出租车而是卡车，上班的人都有了自己的自行车，为了安置家属，我们三个人分别租赁了单独的房子。

三个月下来，除成本外，净盈利超过了十万！

分红后，我迅速还清了老家的贷款和平林罗总的欠款。无债一身轻，呼吸畅通了，腰杆也直了。

四、扎心的贷款

还是在"三结义"筹备开公司的时候，因为三个人一共才凑了19000元，单独注册执照、租赁办公室等肯定不够。实在想不出其他凑钱途径，我想到回老家找信用社借贷3000元，加原本的5000元凑够8000元。于是我专门回了老家一趟。

那个年代，县城以下的农村没有银行，只有信用合作社。老家的信用社位于涢水河黄寨渡口，负责人是张畈村的程强，人们都叫他"程站长"。那天，我去办公室找他，在座的还有信用社会计、周埂村的远房族人道义叔，还有一个出纳。

我向程站长简要介绍了我在武汉开公司缺资金的情况，并恭敬地递出《贷款申请书》。这时，他的脸色开始有了变化，眼睛几乎没看我递交的材料，立马告诉我说："你先回去吧，回头我们研究研究。"示意我回去。

我刚到门外，就听见了他跟同事小声议论：

"黄运炎，穷得叮当响，当年做预制板厂还欠别人的钱没还呢。贷款给他，猴年马月才能还上！"

他似乎并不避讳我能听见他们的对话。

我有想过立即转身踢开门给其"侮辱性极强"的言词一波回击，但念头一闪即过，有求于人我忍了。

歌手郑智化的《水手》劝我：在受人欺负的时候总是听见水手说，他说风雨中这点痛算什么，擦干泪不要怕，至少我们还有梦。

那是2月底的午后，阳光软弱无力，初春的风很冷很硬，吹得单薄的我不停地打着冷颤。从信用社出来，我快快地走在回家的路上，隐约听见身后有个人叫了一声"黄老师"，回头一看，是字畈镇财政所在村里驻点的罗安学罗干事。

"听说你现在在武汉做事，刚才看见你从信用社出来，是不是贷款没批？"他关心地问。

我和罗干事早在"河西水泥预制板厂"的时候就认识，他忠厚诚实，讲义气。他妹妹罗安慧是我在杜庙教书时的学生，因为这层关系，我俩的相待变得更加真诚。几年不见了，关系依然很亲近，于是，我就把刚才遇到的情况简单说了一下。

他接着说："跟我回去吧，我找程站长去。"

"不必了，我再想想别的办法。"我已经碰了一鼻子灰了，不想回去。

可他硬是拽着我的胳膊往回走。

见我站在门外执意不再进去，罗干事就自己一个人进去了。

"你们不给黄运炎贷款，那我贷款给他总可以吧？"罗干事近乎是质问的口气。

"当然可以，但指标有限，你只能贷两千。"听声音应该是那个程站长。

"只能贷两千吗？那办手续吧！"

"马上就能办好。"

他们的对话我在门外都听见了。听完我正要离开，罗干事追了出来。

"你心意我领了，可你没必要冒这个风险。"我说。

"以前你没找对路子，做事情不顺。你有文化，适合做用脑的事情，去武汉开公司就对了，我相信你的能力。"他接着又说："别把这点贷款当成负担，去武汉好生经营，挣了钱把本金还我，万一亏了，我自己来还。"

听了这话我一时语塞，满腔话语涌向唇边，却一个字都说不出来。

至此，我似乎感觉到，这次贷款的过程，不仅仅是借钱，更像一面不同寻常的镜子，照出来的是人心，是人性。

我没有让罗干事替我还钱，在武汉吴家湾经营玩具不到半年，我就急忙回去把钱还了。

有时候我想，我们每个人在成长和追求成功的过程中，常常会有身陷低谷、山穷水尽的时候。关键时刻如果遇到有人伸出援手真心支持，走出困境而柳暗花明就变得简单多了。

而细细回顾"逆境"过程，其中总会出现一个或者几个拐点。那么，对拐点的认知以及对拐点的判断和把控，恰恰关乎着将来的人生高度。

俗话说"山不转路转，石头不转磨子转"，每个人的一生都会有背时天，更有转运时。倒霉的时候"喝凉水都塞牙"，转运时风都能推着你走，这叫"风水轮流转"。所以我们永远不要去低估甚至去欺负一个人，尤其是有梦想的年轻人。

五、升级的挂靠

正当我、莫光涛和凌金诗三个人的"农村儿童玩具"项目经营在吴家湾进行得如火如荼的时候，一个突如其来的意外终结了所有人的好梦。作为公司赖以生存的注册所在地——部队门房，中途要被收回，不租了。

想想起初的"三结义"，三个人倾其所有也就凑了21000元，而且所经营的儿童玩具项目，前面没有人做过类似的经营，万一把这个仅有的投资做亏了，一分不剩了，怎么办？可是，除了背水一战，我们没有选择，大不了再回一次"解放前"。

再想想那天"掀棋盘"的情形，大家都能理解小红当时的心情。所有人都清楚"两万一"很重要，可是已经选择做了，已经决定闯了，"重要"和"不重要"重要吗？

吴家湾项目的昙花一现，至少可以证明：我们的项目选择是正确的，我们的操作模式是成功的。这为以后的经营提供了经验，指明了方向。从这个意义上讲，这次的十万盈利，将来很可能有变成百万、千万的可能！

皮之不存，毛将焉附？挂靠的公司不存在了，我们也只能离开，接下来就要面对何去何从的问题了。

那个时候的大家，都是家大口多，很多亲戚朋友都赋闲在家。他们眼巴巴盼望着有一天能走出来看看外面的世界，何况像广告销售儿童玩具这样的活儿，对不必操盘的人来说没什么技术含量，也不需要多高的文化水平，很多人都干得了。

由于各自都有很多人需要带出来，我们三个人决定：分开单干，齐头并进。

在吴家湾公司的时候因为负责文字类工作，我经常去外面的电脑店打字复印做资料。在那里，我很幸运地认识了湖北一大学的王炎老师，也许是读书人之间比较容易谈得来吧，我们很快熟了起来。

很巧合的是，王老师在该大学科技部工作，还是负责人。而"科技部"在"科学技术是第一生产力"和"技术成为商品"的大背景下，无疑是我们梦寐以求的好去处。我们要做的正是科学技术转让和科技产品推广。

左起：黄运炎 黄运炼
1996 年 6 月摄于函授大学

1996 年春，在王老师的帮助下，我带着老三再次以"挂靠"形式签约进入该校科技部，并在学校临街的几间门面房挂牌营业了。

在这里，我们保留了吴家湾公司的玩具产品项目，另外，通过反复考察还增加了"玻璃钢制作工艺"等技术转让项目。

项目熟悉做起来就顺手，我们在科技部的业务经营很快就上了快车道。

就儿童玩具项目而言：

开始，玩具的进货抛开了中间商，直接去义乌的生产厂家，装卡车走物流。

中途，派个业务员住在义乌厂家专

门组织货源。

最后，去孝感租厂房自己开模自产自销。

就技术转让项目来说：

玻璃钢成型工艺，是树脂基复合材料生产中最普通的一种成型方法。先清理好模具成型面，涂上脱模剂，将加有固化剂、促进剂、颜料糊的混合料涂抹在模具表面，再铺上玻璃布，需要加厚再重复上述操作，最后进行固化脱模成型。

利用这种技术还可以制作各种华丽装饰板材，广泛应用于公共场所和私人家庭的装饰装潢，用户只需支付

左起：黄运炼　黄运超
1996 年 10 月摄于函授大学

一定技术转让费就可以获得这种产品制作技术。

技术转让项目，为我们在科技部本就不错的玩具经营业务锦上添花，从而也为我们立足城市扎根城市打下了一定的经济基础。

从 1996 年到 1998 年的两年间，因为收入上了一个新台阶，我第一次在鲁巷广场附近购买了一套属于自己的房子。大儿子黄磊从沙市二小转来鲁巷小学，小儿子黄文驰也上了这里的幼儿园。为了让两个儿子和城市的孩子们站在一个起跑线上，不会因为"乡下来的孩子"可能受到不公正对待，我们一家四口把户口从安陆黄寨迁到了武汉。

老三运炼在关山附近也买了房子，父母在这之前已经来了武汉。

这一系列的变化让在国企端着"铁饭碗"的老二对自己的工作产生了动摇，后来他办理了相关手续后，也来到了我们的身边，加入了我们的行业中。

左起：黄运炎　黄运超

1996 年 10 月摄于函授大学

左起：黄运炼　黄苗苗　父　亲　黄文驰　莫杏花　黄　磊

蔡　清　黄艺茹　黄文惠　陈　云　黄运超　黄运炎

1994 年春摄于宜昌葛洲坝

至此，我们大家庭各成员的聚集中心由最初的沙市转移到了武汉，所有人的命运也从此发生了根本性转变。

然而，世事无常，谁也不知道明天和意外哪一个先到。

武汉"技术市场"的不断扩大，同类新公司不断出现，农村从业人员大量参与。这些人员中鱼龙混杂，个人素质良莠不齐，有的人"一颗老鼠屎搞坏一锅羹"，导致武汉技术市场一度混乱，社会影响恶劣。一些人不学无术，从合法角度竞争不赢，就去弄虚作假，恶性竞争，严重扰乱了正常的营商环境。加上"兔子"拉客、行政掣肘等现象的出现，使得在武汉的经营已经朝不保夕、无以为继了。

远离武汉前往外地已是势在必行且迫在眉睫。

第七章 决然北上

——京城的商海沉浮

候鸟迁徙是一种自然现象，究其原因，其实就是环境的改变。因为寒冷的气候让它们很难获得赖以生存的食物，也不适合更好的生息繁衍。人也是一样，当一个环境不利于获得基本或更多物质和精神保障的时候，首先要想到的就是离开。正所谓，"三十六计，走为上计"。

一 第以航

一、"五虎"联手创"拓创"

还是我率先倡议，还是我去找老搭档莫光涛。他三年前接受我的邀约，没等他那位同学老板一年后在安陆买房送他，毅然选择离开。三年后，他自己却在武汉买了房子，地址就在鲁巷（即现在的光谷广场）附近。

我们俩一拍即合，不仅在"离开武汉"的意见上"君子所见略同"，还在去广州、上海和北京三个城市的选择上不谋而合。当时，我俩效仿三国时期的诸葛亮和周瑜商讨"破曹之计"的方法，各自在手心写上选择的城市，双方同时摊开一看：北京。

首先，北京是首都，其信誉度、权威性、吸引力等无与伦比。还有，营商环境公平规范，这就意味着只要努力了就能得到回报。

1998 年 8 月 8 日上午 8：00，在安顿好"大后方"后，我和莫光涛再度联手，各携资十万，带着全家人的希望，怀揣更大的创业梦想和对未来的无限憧憬，背了一床棉絮，坐上了前往北京的列车。

到北京西客站已是晚上七点，我俩在附近的小旅馆住了一夜，于次日凌晨坐公共汽车来往既定地点。

有了挂靠学院经营的成功经验，通过熟人的引荐，我们来到坐落在北京西三环魏公桥附近的北京某大学科技大厦。这栋 23 层耗资 4 亿的高大上写字楼，背靠大学校园，紧邻友谊宾馆和中关村，马路对面是湖北驻京办——湖北大厦，交通十分便利，毋庸置疑是个开公司的好地方。

可当了解到大厦租金的时候，我和光涛同时傻眼了，每平方米每天一美元（当时相当于八元多人民币）。真是"货是货，钱是钱"，这样一来，我们带去的二十万元在这里做公司肯定转不动。

因此，我们对原来的计划做了相应调整：

1. 原计划租赁大厦楼上的办公室，改租地下一层，租金是楼上的四分之一，然后自己用隔墙板隔成房间。

2. 重新邀约新的合作伙伴带资加入，改总投资为四十万。

3. 重新考察规模型技术转让项目，相应增加从业人数和广告投入，扩大经营规模。

4. 前去北京西八里庄租赁适宜厂房，作为技术转让产品的生产加工和技术培训基地，全体入职人员食宿在厂。

签约后，我们一边物色着"新股东"，一边开始装修办公室。

大厦的地下室没有出租过，里面空旷无比，足有几千平方米。我们租来的 400 平方米用隔板隔成了六个房间，分别标上房间号：B116、B118、B120、B122、B126 和 B128。四个投资人各一间，另外两间分别为财务室和样品展示厅。时隔多年，再去看大厦负一层，我们当年的门牌编号依旧在用。

凭借《房屋租赁协议》，我们迅速在海淀工商分局注册了"北京拓创科技发展中心"。在厂房还没有找到的情况下，我们两个人就租住在大厦附近魏公村一户老人家里，以方便处理公司筹建的一些前期准备工作。

老人家的房子在新疆街，租给我俩居住的单间里面空空如也，没有任何家具，就连睡觉用的床板都没有。我们只好在地上铺上报纸，用各自带去的棉絮垫半边盖半边。白天外出办事，饿了就买点路边小吃。记得买得最多的是新疆大馕饼，直径足有50厘米，买一块够吃几天。一次我很好奇地问了问卖饼的新疆人干吗做那么大，他说："这是我们新疆库车的传统，顾客买的馕越大说明他的面子就越大，身份就越尊贵。"

左起：黄运友　莫光涛　黄运炎
1998 年 9 月摄于北京理工科技大厦

不久，受邀加入的新股东黄运友和李德彬已经从湖北老家赶到，西八里庄的厂房也已签约。

"五虎"架构组成：我作为发起人，为公司总负责人，莫光涛负责财务，黄运友和李德彬负责业务，老二运超离开沙市后，在武汉自己的公司实习了一段时间，入行很快。这次随我来到北京，大家一致推荐老二做公司后方基地负责人（即厂长），负责产品生产、技术培训和售后服务工作。

在经营项目方面，经过对市场的多方位考察论证，我们锁定了"仿红木家具"的制作技术转让。

红木是系列稀有木材如紫檀木、酸枝木等木材的总称，这些珍贵木材具有木质坚硬耐磨、纹理曲线错落、色泽鲜亮柔和等特点，雕琢成家具有着极高的使用和收藏价值，属于极品高端家具，市场价格非常昂贵。

仿红木家具采用 191 树脂、玻璃纤维、石膏粉加催化剂、固化剂，经搅拌后，浇筑到模具里固化成型，再对表面进行纹理和颜色处理。制作出来的产品非常具有仿真性，一样显得高档豪华，且耐高温、耐腐蚀，防腐抗氧化，市场前景一样广阔。

仿红木家具的技术转让费为 1.2 万元，模具价格根据用户购买品种和数量的不同从几千到几万不等。

随着改革开放政策的不断深入，更多家庭的经济条件得到改善，他们对居室环境的要求也随之提高。市场上一套红木家具动辄十几万、几十万，相比之下，仿红木家具则便宜太多。因此，仿红木家具的生产技术很有市场。看到我们的广告后来公司考察、学习的客户逐渐多了起来。

随着客户成交量的增加，公司和基地越来越忙。为了交通方便，公司聘用了当地一名带车司机在两地之间来回穿梭。闲暇之余，这位司机还教会了我们开车。

不言而喻，公司盈利了，大家开始想买车了。

通过全体同仁的共同努力，公司的业绩滚雪球般不断壮大，我们开始从初闯北京时的彷徨中逐渐稳住阵脚。到 2000 年年底除正常支出外，公司盈利将近二百万元。这个成绩至少说明三点：

1. 我们作为草根一族的创业者，能够在首都北京立稳脚跟，并由此更加自信。

2. 把"广告当成生产投入"的运营模式是成功的。它不仅适用技术转让市场，产品销售同样可行。这为后来创办益加益公司提供了实践证明和成功经验。

3. "五虎"架构因为各自实力的壮大，又该分散开来，去开各自的公司了。

回想起刚来北京的时候，出门办事、游玩什么的，选择的交通工具最多的是公交和出租车。看着窗外那一辆辆轿车、一幢幢高楼从眼前一晃而过，心想：自己什么时候能和别人一样，拥有哪怕一辆普通的车、一间很小的房；什么时候能结束自己的漂泊，在一个城市安置自己的家，从而成为这个城市的一分子？

　　我并不觉得这是种小民意识。人们常说：主观为自己，客观为别人。要想得到更多就意味着要付出更多，而付出越多对社会的贡献就越大。如果大家都是为了得到更多而付出更大，这个社会就会变得越来越富裕，越来越美丽。

二、折戟沉沙理士博

新日历的第一页上面写着 2000 年 1 月 1 日，太久没有和孩子们团聚了，我早早就从北京回到武汉的家。从来没有过的"兜里有钱心不慌"的感觉，这个春节，得多备些年货，带着孩子们去商场买几件像样的衣服，陪着他们去好玩的地方玩玩，过一个久违的开心年。

从内心来讲，无论后来我成功与否，或者有多成功，作为一个父亲我对孩子黄磊、文驰是有愧疚的。站在孩子的角度，他们可能不需要家里有多富有，能和父母每天在一起生活就是最大的快乐和幸福。

可恰恰这一点我做不到，在陪伴家人和创业图强这两者之间，我的家庭背景、我的人生梦想决定了我只能选择后者，我实在是穷怕了。

年少时我十多年寒窗苦读，实指望通过考学摆脱窘境却没能如愿。后来我颠沛流离去问路四方，不仅不见起色，反而落得个更加潦倒不堪。我越来越担心这样的贫穷继续延伸，自己的梦破事小，影响到下一代的学习、生活和成长事大！

2000 年，全新的世纪全新的年份，要有一个全新的姿态、全新的梦。这时，我的脑海里还真有个全新的设想，那就是：

"走实业路线，开实业公司。"

在我前往北京另谋发展的时候，老三运炼在武汉公司处理善后，一年后也来到北京。只是当时我们的"五虎"公司车成马就，他暂时和其他老乡合伙了，不过很快就来了我接下来的公司。

这几年做公司可谓分分合合，纵观"天下熙熙皆为利来"，横看"世上攘攘皆为利往"。事实上，合伙经营各方只为一个"利"字是不够的，必须得渗透进去一个"情"字。有了情会看淡利，有了情就心更齐，心更齐反而利更高。这是良性循环，是至高境界。

而这样的境界一般非亲兄弟很难达到。

有句话叫"兄弟齐心，其利断金"，亲兄弟联手更能走远，能走远就需从长计议。"走实业路线，开实业公司"我们三兄弟必须抱团为之。

在几乎所有人还在忙于各种"新、奇、特"项目做着技术转让的时候，我们的视野开始转向"机械制造类"行业了。因为：

1. 转让的技术是无形的，有很强的投机性，不具备积累无形资产的条件，更不可能形成品牌效应，属于短期行为。所以，很多人每年都在寻找新项目，每年注册新执照。

2. 制造的机械是有形的，看得见摸得着，让人踏实，便于销售；可以积累无形资产，可以形成品牌效应，属于长期行为，容易做大做强。

3. 在充分考虑自身从业经验和人们创富需求等综合因素基础上，可以把"小型创业型机械"作为向实业化企业进军的突破口。

有了这个方向和理念，接下来就是寻找适宜的机械种类了。

机会往往留给有准备的人。一个偶然的机会，我在一媒体上看见"小型雪米饼机"六个黑体大标题，立马产生了极大兴趣。在我看来，这几个字不是黑色的，是金光闪闪的黄金色。再一细看，这个产品出自家乡湖北，研发生产单位是武汉一所大学内的一家私人公司。

雪米饼，一种用大米经浆化处理再通过膨化烘焙等工序加工而成非油炸的儿童食品。其松脆香甜、口味多样，还含有单糖和盐，热量远低于薯片、薯条等油炸食品，在儿童食品中非常畅销。

我国的儿童占总人口的四分之一，如此庞大的人口基数，又是如此畅销的产品，其市场蛋糕何其巨大！然而，通过深入了解，差点没把我吓晕。

量产雪米饼的自动化生产线动辄上千万，甚至几千万。推广这种超大型生产设备，不仅我们自身的实力办不到，其市场前景也会大打折扣。

因此，要想推广雪米饼生产设备，必须先解决一个问题：大型设备小型化。

恰恰这个"大型设备小型化"问题被武汉那家公司给解决了。事不宜迟，我立马启程前去看个究竟。

真是无巧不成书，我回到武汉来到这家公司，坐在总经理办公室的人竟然是我老家字畈镇的老乡。他姓杨，以前朋友请客时一起喝过几次酒。我习惯把朋友之间的关系分成三类：点头关系、握手关系和拥抱关系。按照这么界定，我和杨总属于"握手关系"。

老乡见老乡，合作好商量。在我说明来意后，他告诉我这段时间有两个在北京的老乡就这个项目找他谈过合作，都没有下文。边说边带我参观他们库房的设备，动态的生产过程只让我远远看了一眼就回到办公室。

我们喝着茶，谈着事。他似乎早有准备，从办公桌里拿出来一份拟订好的《合作协议》。

"这是合同草本，你先看一下。"杨总说。

"合作，首先是合心，合同其实就是君子协定。以文字形式确定双方的权益和义务，就是签合同。共存共荣是合作的根本目的。"我阐述了自己的理解。

经过具体协商达成如下条款：

武汉团队：

1. 提供"小型雪米饼机"60台，折款30万。后续供货每台5000元。

2. 雪米饼制作技术折款10万，委派一名技术人员负责培训，合作对方不得过问。

3. 派出三人参与经营和管理。一名技术员，负责对客户进行技术操作培训。一名财务人员，负责核算和管理账目。一名管理人员，负责参与各项管理。

北京团队：

1. 负责注册营业执照、出任法人代表、完善公司运营所需手续，租赁办公和厂房。

2. 负责全面日常管理、广告相关事宜、业务接待。

3. 负责公司资金周转，先期投入40万元。

左起：第二李爱明　第三黄运涛　第五黄运炎　第六孙志华　第七黄晓燕

2000年3月摄于北京西八里庄机电厂

综上所述：武汉团队把技术和设备折成现金入股，北京团队提供流动资金并负责全面管理。总投资80万，双方各40万，各占50%。

准确说这样的条款不算合理，甚至有点"霸王"。这或许正是那几位谈过合作的老板选择放弃的原因吧。不过，凡事都有两个面，得看你侧重哪个方面。我侧重的是项目本身，它可以让我们同样用"广告是种生产投入"的运作模式得以涉足机械行业，得以尝试创业机械市场。一句话，就是有机会"投石问路"，为"走实业路线，开实业公司"开疆铺路。

所以，我能够接受这种带苛刻条件的合作。

2000 年初，"北京理士博食品机械技术有限公司"成立，法人代表黄晓燕（我的同宗兄弟），地址还是那栋科技大厦，工厂选在西三环"玲珑塔"附近的一个原机电厂大院。随后，招兵买马买车，从而拉开了"进军实业"的帷幕。

接下来，双方的事务均在按照协议各自有序推进，一切都在按部就班。武汉团队的设备和人员到位时，北京这边的系列工作推进得更快，广告也做出来了。

市场反馈似乎比预想的好很多，很快就有客户上门，也很快就有合同签订。一个月左右时间，首批设备分别都有它的主人了，另外，还有二十几家签约客户等着发货。按照这个趋势，公司很快就能收回成本并开始盈利。

可是，接下来发生的事情实在让人哭笑不得，甚至是匪夷所思：

1. 60 台设备卖完之后，武汉方没货了，几十家签约客户交了钱没货发。

2. 财务管理方面，武汉方要求存折和密码分开掌控。

3. 我方人员任何时候不许进入培训室，不许了解与技术有关的原料和配方；购买化工原料包装上不能有字；客户培训后的技术资料用邮寄方式寄出去。

4. 公司员工被人为分成两拨，双方几乎没有交流，就连吃饭和睡觉也是分开的。

这是一次别扭的合作，更是不好的信号。一起合作连起码的信任都没有，何以为继？弄不好公司还会出事！

回头从合作条件上看，武汉团队仅用 60 台设备换得公司 50% 的股权，事实上只有设备风险。我方则不同，现金入股，尤其是法人代表，担负着公司经营的法律责任，如果收了客户货款，长期不能发货，性质就变了，公司就会有事，因此承担着法律风险。至于合作双方一方掌存折，另一方则必须掌密码，这种令人啼笑皆非的要求，真可谓闻所未闻、滑天下之大稽。

既然如此，还不如早点结束合作、分道扬镳。因此，我们果断作出如下安排：

1. 迅速委派懂机械制造的人带着样机外出寻找仿制厂家。

2. 安排人员想方设法在一周内学会雪米饼制作技术（含原料配方）。

3. 十天内解除与武汉团队的合作协议。

派出去做设备的人迅速找到制造厂家，不仅如此，新制造的米饼机在原样机基础上还有所改进，设备性能更加优良，造价更低。为了解决客户催货的燃眉之急，我们通知他就地住下，一方面安排直接就地发货，同时监督产品质量和数量。

被安排限期学会技术的人也没让大家失望，很快清楚了名称和配方。

摊牌时间一到，我找到武汉团队负责人直截了当地说：

"当初，理士博公司之所以和你们合作，看中的是你们的设备和技术。可现在的情况是，你们没有后续货源供应了。而且你们的技术也是不成熟的，因为客户购机后电话不断，所提问题你们也解决不了。"

因为情绪激动，我停顿了一会儿，又接着说：

"再看看这个时候你们在做什么，你们不仅不去研究提高技术，反而把如何防范我们当做头等大事；再就是在账目管理上，我们从来没有听说过存折和密码要分开管理，这还有起码的信任吗？"

为了防止血压升高后出口伤人，我又停顿了下来，喝口茶平静一下心情，说出了我的最后决定：

"请告诉你在武汉的老板，我们好聚好散。按照这种趋势，早散还不至于伤了彼此脸面，等问题越聚越多，矛盾也随之增加，再散就可能成仇人了。"

该负责人说了心里话：

"其实我们几个人在这做事也很为难，好多事我们还是打过折扣后做的。我们都知道你们双方根本就不是一类人，一起共事不会长久。"他缓了缓，接着说：

"晚上我们三个人先商量一下怎么和老板说，然后打电话去武汉，听听老板的意见吧。"

唉！鸟都还没打下来，却在这只鸟是炸着吃还是炒着吃的问题上争论不休。遇到如此这般的队友真是让人哭笑不得。至今我都没搞清楚，某某人的大脑是怎样的一个构造。为什么别人用脚趾都能想明白的道理，他用大脑却想不明白！

第二天的中午，那位武汉团队负责人来到办公室，手里拿着一张纸，看上去一脸无奈的表情。我率先开口了：

"是不是你们老板有结果了？"

他点了点头："嗯，我都写在上面了，您看一下。"

我接过来看了，大致意思是这样的：

1. 运到的设备中，已经发货的按原来确定的价格结算。客户退回的设备对半折价。

2. 派往的三个人的工资按公司同岗位同事的数额由北京方结算。

3. 原技术折现的 10 万元转化成单方面解除协议的违约金，由北京方一并支付。

当时公司的现状是：投入的成本还没有收回；用户反映设备的问题较多，有几个用户的投诉已经引起了有关部门的注意；售后服务压力山大，尤其自己的客服人员没有经验，等等。在这种情况下，按照常规，应就账上余额再减去相应的客服费用进行分配。

考虑到这次与武汉团队的合作有它的特殊性，为了尽快使公司步调一致步入正轨，尤其要腾出精力解决客服问题而不至于激化矛盾。我们决定让出一大步：满足他们提出的三个条件，除此之外还另外增加10万元跟他们结算。这个10万元权当是对他们的感谢吧，感谢他们为我们提供了一次向实业公司转型的契机。

于是，武汉团队满载而归地离开了，也带走了一个永远都不希望再有也不会再有的合作模式。

送走了武汉团队之后，我们迅速对各部门进行了调整，加紧人心凝聚，加大广告投入，购机客户逐渐增多，公司一度出现买卖欣荣的景象。

还是因为初涉机械领域，缺少各方面的经验，加上"武汉团队"在合作期间遗留下了诸多的隐患，理士博公司接下来的日子并不好过。主要体现在：

1. 成单的递增与设备供应越来越脱节，供需矛盾日渐突出。

2. 设备在使用中问题不断，有的问题甚至出自设备本身。

3. 售后服务自上至下不被重视，售后负责人更是缺乏服务意识，脾气差，没耐心，三言两语就爆粗口，时常还与客户对骂。

4. 市场监管部门不断接到客户投诉，时不时来厂调查。

到9月初，买卖双方矛盾逐渐激化，公司在有关部门监督下开始陆续退款，直到10月中旬停产停业。

2000年11月最后一批人员撤回那一天，北京大雾漫天，我们一行三辆车早晨六点从西三环白石桥出发，打着双闪和雾灯，打算沿京港澳高速返回湖北老家，好不容易挪到京石高速入口，却被告知高速封闭。

一行人下车等候，可是大雾越来越浓，高速一时间是不会开通了，我们只好调转方向走京开国道。一路上一团团浓雾扑面而来，相邻的车哪怕只有两米远都看不见。我试着把手臂伸出窗外，竟然看不见自己的手。

我在想，这场大雾是不是就像我们这次的雪米饼项目一样让人迷茫。这次返回也正如打了败仗后的大撤退，一心只想快速离开战场，不管路途迷雾重重，还要坚持继续前行，即使车如蜗牛行走也不停下。

就这样足足走了四个小时，浓雾才逐渐散去，我们又上了高速，终于踏上了归程。

往往感情越丰富的人就越孤单，感慨也会越多。我们越往南行，离北京就越远。回想来京三年，按理说我还算收益良多。首次涉足实业，怀抱满腔热情，寄予无限期待，却以黯然收场结束，实在可惜。此次的教训是深刻的，值得日后好好总结。只有不断吸取教训，不断积累经验，才能获得更大成功。

回到了湖北武汉的家里，看见活泼快乐的孩子们，我的心情平静了许多。周末的时候还带着他们去植物园转转、动物园看看，到商场逛逛、美食城吃吃，一起开开心心。我知道我的笑容里含有些许的惆怅，我知道我的思绪并没有完全离开理士博的那些人那些事。我同样知道我很快就会重返北京。

孩子们上学去了，我来到书房拿出了一直携带在身边的工作日记本，针对"小型雪米饼机"，得有个书面总结了，同时对未来继续从事"创业型机械"项目做一个发展方向的分析。

痛定思痛雪饼机：

1. 选择创业型机械项目的方向是对的，"广告就是生产投入"的经营模式是成功的。

2. 小型雪米饼机自身存在性能缺陷，所产成品与市场上的雪米饼机有质的区别。最多也只能算作"仿雪米饼机"；即便如此，经营雪米饼机也没有亏损，只是盈利低于预期。

3. 上项目不能操之过急，投入市场前应对选择的机械反复试验，并确认其所生产产品的质量和市场前景，确定用户购机后能够获益。

4. 该项目糟糕的售后服务直接加速了企业的崩溃。

没有事可以一帆风顺，没有人能够随便成功。客观讲，理士博的昙花一现，给我留下了太多的思考。挫折和教训，处理不好能让人一蹶不振，让人"辛辛苦苦好多年，一朝回到解放前"；处理好了它是一种收获、一笔财富。有句古话说得好："遭一蹶者得一便，吃一堑者长一智，今日之失，未必不为后日之得。"

可以说，没有理士博，没有理士博的挫折和教训，就没有后来的益加益公司，也没有益加益公司的不断发展壮大。

第八章　从头再来

——带头创办益加益公司

人无远虑，必有近忧。在过往的公司经营中，应该说有了一些原始积累，但我知道开这样的公司不是终极目标；同时也积累了一定的人脉，拥有了一些铁杆的跟随者，这就意味着只要想东山再起，只要想重整旗鼓，就可以随时拉起"一支队伍"。

这不，一支队伍中由"七匹狼"组成的"先头部队"，于新千年的第一个春天，踏着春天的气息，迈着坚定的步伐重返北京，继续圆"走实业路线，创实业公司"之梦。

碧海青天

一、锁定榨油机

小时候，我经常随大人一起去平林，下了摆渡船就远远闻到一股香气，那是从"李氏油坊"飘出来的油香。如果路过时遇到油坊里的人正在油坊外吃饭，你会发现他们的餐桌是那样的丰盛而奢侈，有鱼有肉还有千张豆腐什么的，看得人一个劲儿地咽口水。要知道那个时候周边百姓的餐桌上只有腌菜、萝卜，偶尔有个水蒸蛋。

"榨油的人有钱"是个不争的事实。

每个地方都是如此，只要是开油坊的，他们的收入就普遍高于当地人们的平均收入。也就是从那个时候起，我潜意识里认为开榨油坊很赚钱。

自从理士博雪米饼机项目歇业回家，我就一直想着下一步该怎么走。上创业型机械项目这个大的方向是肯定的，至于究竟是什么机械还没有确定。

那天我回黄寨老家，又一次路过平林"李氏油坊"，不由得回想起童年的"潜意识"。油坊依然像儿时那样飘着香气，餐桌上也依然是那样丰盛，所不同的是油坊的规模比以前更大了，房子也翻新成了三层小洋楼，这一次我索性到油坊里面去看一看。

进去后，只见几个满身油污的壮汉在屋子里忙个不停，两口一米口径的大铁锅里分别冒着熏人的雾气，屋子里充满着浑浊呛人的气味，让呼吸变得很不自在。

一个汉子拿着一米多长的木铲翻炒着锅里的油菜籽，炒熟后直接推到锅外，堆积在地上。另一个汉子不停地把炒好的菜籽送入破碎机进行破碎，接着将碎好的菜籽粉放在蒸锅上蒸。第三个汉子的工作就是榨油了。

榨油汉子先用"齐草（整齐的稻草梗）"将油料制成饼，方法是把草从中间往四围散开后放在铁环里，再把蒸好的油料倒上去，赤着脚将四周的草向中间折回踩实。榨油时再将油料饼叠放在液压机的活塞顶部，叠满后用几根铁柱在四周固定，最后上下摇动液压手柄，活塞上升对油料实施挤压，直到油脂渗出。

其他油料如棉籽、花生等榨油方式与之相同。据说在不久之前，大多数的油坊还在采用撞榨的原始方式榨油。我在里面看见的这台液压榨油机是崭新的，就像刚刚买回来似的。

走出油坊后，我开始感慨：

1. 榨油程序繁琐。以油菜籽为例，炒料—蒸料—做饼—入榨—手摇压榨—毛油—自然沉淀—成品。

2. 榨油机械落后。这种榨油机运用液压油加压推动活塞挤压油料，液压油需要手动加压，炒好的油料需要开水蒸透再将其先加工成油料饼，人工入榨再拆卸，而且榨出来的仅仅是毛油。

3. 卫生条件太差。场面脏乱，工人满身油污，赤脚作业；空气污浊，几乎无法呼吸；噪声让人不能正常进行语言交流。

4. 需要人力太多。一个小规模油坊，需要炒料、蒸料、做饼、压榨各一人，还有杂工，而且清一色是青壮年男性劳动力。

相关资料显示，我国的油料种植面积和油料产量仅次于加拿大位居全世界第二，每年的油料产量高达4000万吨。如此庞大的油料数量，其油料加工设备却又是如此落后。

这其实是整个榨油行业生产力的落后。

如果生产一种能克服上述弊端的新型榨油机，会不会是个巨大商机呢？想着想着我似乎有点心潮澎湃了。

宋朝诗人夏元鼎有首《绝句》就这样写：

> 崆峒访道至湘湖，
>
> 万卷诗书看转愚。
>
> 踏破铁鞋无觅处，
>
> 得来全不费功夫。

带着亲临油坊的经历，看着相关的数字报道，一个大胆的想法开始形成，那就是研发推广新型榨油机。

这个想法很快和俩兄弟达成了共识。为了进一步证实新型榨油机项目的可行性，我们仨分别对全国榨油机市场进行有重点的实地考察，如对河南、湖北、湖南、四川、山东以及东北等重点油料产区的榨油装备情况进行了解和分析，得出的结论是：推广新型榨油机械切实可行，其市场空间非常庞大，甚至可能成为我国榨油机行业发展史上新的里程碑。

于是，我们有了决心：

> 推出新型榨油机，
>
> 改造落后榨油坊。
>
> 哥仁重返北京城，
>
> 势必再把实业创。

二、"七匹狼"的圆梦之旅

　　项目确定后，一个偶然的机会我们了解到，安陆白店一农户家里有台榨油机非常接近我们即将推广的新机型。于是我们计划买回来作为样机并在其基础上进行换代式升级改造。

　　拟定的合作伙伴平林"李氏油坊"的后人李爱民前往购买，样机买回后就放在平林镇土管所大院，几个人一起讨论研究升级改造方案。由老二运超负责将改造方案绘出图纸，连同样机一并送湖北公安县的一家机械厂试造，试验成功后尽快量产。

　　带着对这种新型榨油机的信心和希望，2001 年开春，筹备中的新公司七个人——我们兄弟三人、李爱民（广水平林）、薛汉清（同班同学，李寨）、黄海燕（同班同学，同宗兄弟）、柯海清（鄂州梁子湖）——先后前往北京，再次开启向实业转型的圆梦之旅。

　　这次的团队组建，我们特别提到顽强和拼搏、团结和协作以及优胜劣汰、强者生存的规则，强化团队的危机意识，培养劣势环境生存以及发展的意识，也就是狼性意识。

　　重返北京开启我们的圆梦之旅，团队如果没有狼性意识、缺乏团队精神，很难在当时全国的榨油机市场这个庞大的丛林中立足和生存。因此，在这次重组的人员中大家达成了一个共识：适者生存、忧患长存和群狼无敌。每个人首先要把自己武装成一匹狼，除了具有独立完成工作的能力，同时具有与他人共同完成工作的能力，七个人就是"七匹狼"。

人在打拼中，失败有教训，成功有经验，总结很重要。通过这几年的摸爬滚打，对于即将经营的项目，我总结了如下五点宗旨：

1. 着眼大众，做民生机械。在大众日常消费品中寻找其加工设备，首先确保用户市场，有了用户的效益保障，企业才能稳中求进。

2. 力主创业，顺时代潮流。选择的机械产品必须具有创业性质，即客户购机回去能够用它生产大众需要的产品盈利，而非终端使用。

3. 推陈出新，走品牌路线。所选机械（主机）必须具有可塑性，即可以为其设计机箱包装外观，使其成为自己的产品，逐渐打造行业品牌。排除原模原样、原封不动的代销机械产品。

4. 放远眼光，聚企业文化。赋予该机械丰富的文化内涵，拥有自己的知识产权，申请属于自己的商标和各种专利，不断积累企业文化。

5. 完善服务，提意识高度。当今市场已进入"产品+"时代，我们必须高度重视所推机械的售后服务，从根本上改变"一锤子买卖"的陈旧思维模式。唯有如此，企业才能做得更大、走得更远。

有了宗旨就有了方向，下一步就是具体实施了。

三、扬帆启航"益加益"

　　和以往的团队组建一样，我依然承担着发起人的作用。从亲临"李氏油坊"到各地相关市场考察的所看所感，这次无论是在公司架构、经营理念，还是在服务意识上，都必须具备全新高度。尤其在新型榨油机的"新"字上下苦功夫，做大文章；要有改写中国榨油行业生产力的雄心和魄力，不鸣则已，一鸣惊人。

　　1. 公司起名

　　有人说公司名称是生产力，是无形资产，代表企业的形象，甚至是公司财富的象征。名不正则言不顺，言不顺则事不成。在客户不了解公司，不知道究竟去哪家购买产品时，他们往往会选择名字响亮、大气、有内涵、容易记的公司。

　　看来要有一个好的开端，首先得起个好名字。以前使用过的"拓创"是针对公司内部人说的，对用户来说他们不需要那么累。"理士博"是理工博士的意思，好高骛远，不接地气。

　　这次的项目是新型榨油机，销售范围是在全国广大农村，公司名字要"朗朗上口、过目不忘"，并且非常接地气。

　　鉴于此，我拟订了如下三个备选名：康乐康、星联星和益加益，并把"北京益加益食品机械技术研究所"作为首选，获得顺利通过。

这里："益"——利益、充满、富饶、更加的意思。"加"——增加、愈加、积累之意。

所赋予的引申涵义，第一个"益"代表的是用户的效益，客户如能从中获益，就能形成"口碑销售"，就会有更多的人购买我们的产品，获得了良性循环后反过来促进产品品质再提升、技术再创新；第二个"益"是社会效益，一种产品只有得到社会的广泛认可，才有继续发展和不断扩大的市场。有了用户效益和社会效益，企业之树才能常青，才能壮大。

同时，益加益公司也是"1+1"的谐音，通俗、简单、好记，接地气。

2. 商标起名

商标就是品牌，是企业的标志，代表着企业的文化。产品有了受法律保护的商标，就免去了企业效益积累的后顾之忧。有了商标保护就有了企业创新力的保护。企业的创新力包括技术创新、管理创新、制度创新、文化创新和经营模式创新等。因此，我们在申请益加益名称的时候，同时将"益加益"和"益万（有益于万众）"申请了商标注册保护，以确保公司合法权益不受非法侵犯。

3. 厂址选择

做实业和之前的技术转让不同，不需要在高楼大厦办公，无须用豪华环境撑面子，更多的是要务实，客户对所购产品看得见、摸得着、用得好。只要交通便利、有工厂大院、有机械设备、能进出车辆、可存放货物即可。因此，租房子只需考虑机械制造厂。

2001 年的北京，西三环外还有农田，很多机械厂都在三环以内。我和司机柯海清开着那辆二手桑塔纳，以海淀和丰台为中心寻找，可跑遍了大部分地方也没找到合适厂家。后来去了丰台区万泉寺村的一家压力容器厂，也没谈成，正要返回住处的时候，我看见旁边拐弯处有条不太宽的马路，就跟小柯说：

"我们拐个弯，去那条路上看看吧。"

左起：黄运炎　黄运友　黄运炼
2006 年 4 月摄于清华科技园

还真是巧了，我们的车刚调了个方向，就看见了"北京万泉机械厂"几个略显陈旧的鎏金大铜字的厂牌，地址是丰台区万泉寺 254 号，距离西三环丰益桥不足 1 千米。

不知道是不是先天和这个厂的袁厂长投缘，我和老袁一见如故，很快就各项租赁条款达成一致。就这样，"北京益加益机械技术研究所"就在"北京万泉机械厂"落地生根，且一住就是八年。

万泉机械厂属于万泉村村办集体企业，当年从事服装机械的生产和销售。在市场冲击下处于半停产状态，很多职工无法正常到岗上班，依靠基本生活费补贴维持家用。我们的租住给工厂增加了一份难得的收入，加上他们觉得我们作为外来人依靠租赁厂房做企业不容易，所以我们和该厂的关系一直不错。根据需要，我们先是租赁厂里的一排平房做办公室，一个小院做食堂和寝室，工厂大院用于组装和存放设备，中途随着益加益公司业务的扩大，又加租了他们的全部车间。直到全厂被租下两年后还是不够用，益加益企业举家迁到了南五环。

4. 产品升级

针对市场上榨油机在使用过程中存在的种种问题，益加益公司新型榨油机的性能在全国率先实现"三级跳"：

机电一体化，

榨膛电加热一遍榨尽，

安装配电柜实现按钮操作。

即：改传统的电机、榨油机的分离为一体，以角钢焊接成的共用底盘把它们连接起来，再配以机箱包装。

改生榨为熟榨，把电加热管安置在主机的榨膛内，按照不同油料对温度的不同需要，自动控制榨膛温度，实现一遍榨尽，使干饼残油率达到国家规定的标准。

改远距离皮带传动为短距离三角带及齿轮传动，有效降低事故风险，提高能源利用率，机器外围的包装机箱上带有配电柜和榨膛温度显示器，同时实现按钮操作。

这种性能上的"三级跳"在我国榨油机历史上尚属首创！

老式油坊的榨油机如果更换成益加益公司"三级跳"新型榨油机，会有如下改变：

可以减少劳动力，由多名青壮劳力操作一台榨油机变成即使一位女士也能同时操作多台榨油机。大幅度降低生产成本、劳动强度，提高劳动效率，增加油坊效益。

可以减少油坊面积，由于传统榨油机工序复杂，占地面积大，原来操作一台榨油机所占面积现在可同时容纳多台新型榨油机。在提高空间利用率的同时，卫生状况得到了根本性改善。

可以减少兴办油坊的投资，由于劳动力和操作面积的减少，降低了兴办油坊所需的资金投入，让新型油坊的开办更趋大众化。

5. 隆重面市

在我紧锣密鼓地忙于新公司框架性事务以及新产品资料编写的同时，老二运超每天在做新产品研发、技术培训等系列工作，老三运炼则开始着手新产品专题宣传片的拍摄和播出事宜。李爱民负责辅助设备的生产及货源供应，在产品面市销售前和薛汉清一起前往北京的几十家传统榨油机经销公司考察销售情况，收集他们的相关资料，并且在西客站附近的一家"金龙王"榨油机销售公司定点蹲守达一月有余。黄海燕也参与对同行公司的考察，重点了解和熟悉业务接待，柯海清负责采购、总务和开车。

北京西站作为我国规模最大的客运火车站，乘坐火车进京的人大部分在这里下车。所以我们以其附近的"金龙王"公司作为重点考察对象，必须了解他们的业务情况，为我们企业的产品生产、广告投放以及资料宣传等提供重要参考。

在获得了相关权威部门的产品质量监督检验检测报告后，益加益公司新型榨油机广告开始在央视七套农业频道播出。

新产品一经面市，立即引起了全国广大"油友"以及同业人士的普遍关注。

紧接着，益加益公司新型榨油机通过了国家农业部农机产品推广鉴定，拿到了面向全国市场销售许可证。

为了加大宣传力度，我们拍摄了"购榨油机，选益加益"的30分钟专题片，花巨资在重点省级电视台播放，以"整店输出"的崭新销售模式进一步激活全国榨油机市场。

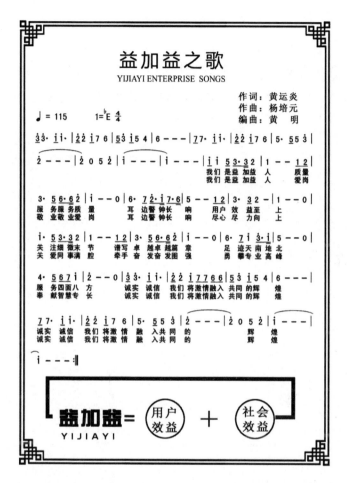

　　伴随着销售量的逐年提高，益加益公司新型榨油机也在全国同行业中被大面积无底限仿造。三年内，全国各地的榨油机经销商和制造厂，几乎都有了和益加益榨油机一样的产品。

　　从狭义上讲，同行的这种大面积无底限的仿造侵害了我们企业的利益和知识产权，但从广义上说，这样的仿造加快了益加益公司新型榨油机的普及，改变了我国榨油机落后的历史，更促进了我国榨油业生产力的发展。

　　事实上，益加益企业在不间断地向国家知识产权局申请各种专利，已累积获得 20 余项专利证书，连续 12 年获得国家农机产品推广鉴定。这一系列资质的取得，在同行业中是唯一的，也是无法仿造的。

　　所谓"画龙画虎难画骨"，眼到心不到就很难悟出事物的本质。这就是益加益公司机械一直被模仿但从未被超越的根本原因之所在。

四、败走南山

我们乡下有句谚语，叫"冲里不收洼里收"，意思是说在冲田和洼地都种上庄稼，总有一处有收成。我们兄弟三人多年在商海搏击历练，几乎都具备独立操作公司的能力。

按照"不把所有的鸡蛋放在一个篮子里"的常规，在益加益企业运行正常以后，我提议一人坐镇益加益公司，另两人走出去各自创办新的公司。三个人的投入和收益按4∶3∶3比例进行分配，谁主阵谁占40%，另两人分别30%。

统一意见后，老三坐镇益加益公司，老二去了清华校园创办了"北京清大校业机械技术研究院"，我则南下深圳和中国香港特别行政区创办了"深圳南人数码科技有限公司"和"香港南人数码科技有限公司"。

深圳，曾经的小渔村，沐浴改革开放的春风，仅仅通过三十几年时间的高速发展，一跃而成为我国一线超级大型城市。这是个移民城市，不排外，创新意识极强，政策环境宽松，是个难得的创业天堂，因而吸引着来自全国各地的年轻人和投资人。

为了拓宽经营领域，我携带两百万资金前往两地计划做"车载电子GPS导航仪产品"的对外贸易，并于2007年2月从北京飞到深圳。

到深圳后，看见的是一栋栋豪华大厦凌空耸立，一座座崭新厂房格外亮丽，一个个年轻人走路健步如飞。

受其感染，我来不及仔细考察产品市场，在两周之内完成了办公选址、公司注册和人员招聘。

公司地址：南山区海王大厦。

注册名称 1：深圳南人数码科技有限公司。

注册名称 2：香港南人数码科技有限公司。

公司员工：当地熟悉国内销售业务和懂外语、会报关的职业人。

工作时间：白班早上 8 点到下午 5 点、晚班晚上 10 点到次日早上 6 点。

经营产品：南人 GPS 车载电子导航仪。

外贸对象：国内市场和西方欧美各国。

广告口号：南人数码，女人也喜欢。

GPS 车载电子导航仪，是当年刚刚流行的高新电子产品，随着私人汽车数量的陡增以及各地城市建设的日新月异，其市场潜力巨大。

像众多电子产品无需独立开厂生产一样，我们的"南人"GPS 产品走的也是 OEM（即贴牌）之路。和几个大品牌 GPS 在深圳朝华数码公司同一条生产线上生产。

首批生产 3.5 寸便携型和 4.3 寸车载实用型两种产品，市面上同类产品零售价高达 2000 元和 2500 元，贴牌价仅为 350 元和 500 元，批发价则为 700 元和 1000 元，利润非常可观。

4 月底，我们的南人 GPS 车载导航仪第一批产品在华强北上柜销售，一周后销售数据回馈到公司，零售量中等，批发走货低迷，整体销量一般。为了提升产品名气，我将中文商标修改为英文的"Southman"，除了在纸媒上做广告，还在各大数码产品网站如太平洋电脑网、IT168、中关村在线、浪潮网等进行软文轰炸。此时，缺乏自我核心技术的贴牌模式的缺点逐渐显现：没有特色，没有官网，没有售后网点，产品没有竞争优势，最终的结果就是销量持续下滑。

到了 6 月，GPS 巨头长虹佳华也选择朝华数码做代工，财大气粗的长虹与朝华数码共同研发了 GMP200 型 GPS 推向市场，虽然零售价高达 3500 元，但这款产品同时拥有导航和 MP4 功能，让驾驶人一边享受导航服务一边欣赏音视频，迅速碾压市场上所有单纯的 GPS 导航产品。这时我才想起来，朝华数码的老本行就是研发 MP4！

6 月下旬，我将资金回笼全部投入到新品开发，一口气推出两款新品：4.3 寸便携升级型和 7 寸大屏车载全能型。为了加大促销力度，我特意去中国香港特别行政区注册"香港南人数码科技有限公司"，其中"深圳南人"负责国内市场，"香港南人"负责对外贸易，并且打出"深港联合开发"牌。

为了发展代理商，我降低了出货价。此举也一度使销售形势有所好转，尤其 7 寸大屏机，配置当时最先进的可视倒车和蓝牙功能，内置凯立德正版地图，功能与大品牌 GMP200 不相上下，发货价却比它低很多，出货量平稳增长。

但是，仅仅过了二十天，受世界金融风暴影响，央行突然发布消息实施货币紧缩政策，站在经济改革前沿的深圳立即有所感应，大批公司因为银根紧缩要么关停，要么观望，"南人"产品不可避免地出现大量积压。

祸不单行，4 月初，美国第二大次级抵押贷款公司"新世纪金融"（New Century Financial Corp）宣布破产，导致华尔街发出金融预警。大家都以为"美国次贷危机"始于 2008 年 6 月房利美、房地美的破产，其实早在 2007 年 4 月已经爆发。华尔街的震荡让经历过"1998 金融保卫战"生死考验的中国香港特别行政区政府特别警惕，不再释放流动性，银行界纷纷收紧信贷，导致中小企业周转资金中断。

深圳的港资企业首当其冲，纷纷破产，南人数码产品的外销渠道彻底堵死。

除了上述宏观经济背景的原因，南人数码失败还有行业竞争的原因。我们的 7 寸大屏车载新品销量刚进入稳步增长通道，大品牌公司纷纷推出"领航者 GPS700"，同样的 7 寸大屏，比我们的产品多了触摸手写、画中画和外接 U 盘功能。新品在市场铺货后，对所有小品牌的 GPS 产品几近形成碾压之势。

7 月中旬，生不逢时的"南人数码"在多重因素的合力围剿下，开始出现严重亏损，金额达七十余万，这是我经商以来最大的一笔亏损。

尽管我一头撞上"南山"，身心伤痕累累，但并没有遗憾，因为我尽力了。我对"南人"殚精竭虑，半年时间没有在办公室安稳坐过半天。我不是在谈业务，就是在去谈业务的路上。半年里我的车行程 3 万公里，瘦了 10 斤，我的这些辛苦付出确实未能把公司撑过来，但我心力尽到，不言后悔。

当然，败走"南山"也有主观原因，我落脚深圳太过仓促，我自己也觉得有些草率，从落脚深圳到注册公司只有二十天，连个严肃的市场考察都没做，投资失败也就在所难免。

作为家里的老大，"闯荡"是我的责任，也是我的义务。可"闯荡"往往会付出代价。"深圳南人数码"是我事业上的"麦城"，其代价可谓惨重。对我自己而言，代价不仅仅是硬代价本身，还包括由此引发的软代价。

离开深圳，我回安陆老家休整了几个月后，于 2008 年春节过后再一次来到北京。

五、"清大校业"阻击战

当初，我们决定三个人分别坐镇一个公司后，老三坐镇的益加益公司运行正常，只是还没有冲出竞争对手的重重包围；老二的"清大校业"尽管走了点弯路，但很快就步入了正轨；而我去南方深圳却走了"麦城"。

我回到北京后没有选择回益加益公司，而是去了"清大校业"，老二便回到了益加益公司。所谓"知耻近乎勇"，败走深圳的经历激励了我的斗志，在这里我势必要有一番作为。

来到"清大校业"以后，我开始全面梳理以北京为主的全国榨油机市场。令我吃惊的是，益加益公司新式机型被大面积仿造，尤以北京为甚，个别公司老板曾经还是益加益公司的员工。耗时耗力耗心智获取的知识产权被肆意践踏，十多项专利以及部级鉴定推广被严重无视。这些仿冒者无底限仿造我们的设备，翻版我们的宣传资料和图片，只修改电话和地址，只调低设备售价，用仿造我们的设备反过来和我们大打价格战。

在如此恶性的竞争环境中，"打铁还需自身硬"，我们需要进一步完善自我。在来"清大校业"之前，因为天性，我萌发了又一个大胆想法：

准备以牺牲清大校业为代价，让其充当阻击部队，与同行展开一场阻击战，以确保益加益公司冲出包围圈。同时，开始实施一系列新尝试、新措施，如提升员工素质、调整销售策略、推出炼油机和生产线、阻击山寨围攻等方案。

后来证明，上述诸方案行之有效，为益加益后来的发展壮大奠定了扎实的基础。

1. 提升员工素质

为了全面提高公司员工的理论水平，我去了几趟书店，将与榨油设备及油料有关的各种图书悉数买回，分发给业务接待及售后服务人员，要求这些人员做好读书笔记，并定期开会交流。

我本人也因阅读这些图书受益匪浅，我把部分理论和数据编进宣传资料，使企业更加专业和可信。另外，还在员工中开展专业知识大讨论，让每个员工都成为榨油行业的内行人，提升专业素质。

除此之外，我在"清大校业"率先推行例会制度。例会制度的意义在于实现有效管理，促进上下沟通与合作，及时了解各员工工作能力和各部门工作效率。

公司员工几乎都来自家乡农村，而且大多数是裙带关系。他们普遍文化不高，而且性情散漫。推行例会制度可以集中解决工作中的各种问题，对即将面临的问题能够集思广益并找到办法，可以提高团队意识振奋团队精神，有助于员工尽快完成"从农民到工人"的角色转换。

同时规定，"清大校业"的员工无论什么时候在什么场合，语言交流一律使用普通话。

2. 调整销售策略

商场上流行一句心经：人无我有、人有我新、人新我特、人特我专。说的就是在商业市场上，要做就比别人做得更好、做得更早、做得更新，懂得随时创优创新，抢占先机，才能立于不败之地。

用户购机多用于开办榨油作坊，传统的老油坊缺乏与时俱进的经营理念，新开油坊更是需要一条龙服务。在这种情况下，我们推出了"整店输出"的经营模式，即对用户从油坊选址、油坊形象、设备购买、经营方式各环节实行统一指导、贴身扶持，真正做到购机一家、成功一家。

此模式的推广，组合设备生产线（即炒料机、提升机、榨油机、油品处理机）捆绑销售就变得顺理成章，这一举措一下子提高了单笔成交额，也提高了企业单位时间内的总产值。

在设备的销售方式上，率先推行"下乡到户、服务到家"模式。销售人员在某油料集中产区选择一个行政镇的集市，先将设备托运到目标地，随后备齐各种资质等手续前往现场榨油，让有意开办油坊的客户足不出户地了解设备详情。为了激励销售人员的销售积极性，公司采用"梯级分红"的办法，按照销售数量规定供货价格。

实践证明，这种销售模式能大幅提高设备销售量，也为后来在各省设立经销公司提供了重要参考。

3. 推出炼油设备

长期以来，油品质量是困扰油坊经营者的第一大难题。随着人们生活水平的提高，传统的"自然沉淀法"和"明矾蒸煮法"提取的油品已经无法满足人们对高品质食用油的需要。为了解决这一难题，我们翻阅了很多相关资料，找到的也都是几种小作坊的方法，要实现与榨油机配套的连续炼油还得寻找或研发小型炼油机。

通过搜寻，河南郑州有种炼油机比较接近我们预期的炼油指标，于是专程前往考察。在厂家现场，我看见了很多中大型生产线。不少设备已经贴上了发货地址，销往俄罗斯的居多。经过了解才知道那些机器日处理毛油50吨以上，售价差不多在百万元左右。

尽管这种设备并不是我们公司的实际需要，它至少说明，炼油机是可以像榨油机一样单独销售的，而且市场很大。

按照事先收集的炼油机厂家，我来到另一厂家了解情况。还好这里有日处理 10 吨及以下的小型炼油机。但要与我们的榨油机配套使用，型号还是偏大。没有更小的选择了，先买回去一台 0.5 吨的，拉到公司再根据实际需要进行升级改造。

随后，一种小型炼油机在"清大校业"被推向市场。这种小型炼油机可作为榨油生产线的一个重要部分，快速实现油渣分离，去除毛油中的磷脂等胶体杂质，处理后的油品下锅不起沫不变黑，达到国家食用油标准。从而增加了公司设备的市场吸引力，促进了销售量。

4. 阻击山寨围攻

益加益公司新型"三级跳"榨油机面市之初，各地几百家、北京几十家同类企业，千篇一律在生产或者经销传统的机电分离榨油机。准确地说，益加益公司是榨油行业的破局者，更是先行者，益加益公司给传统榨油机行业注入了一股活水，刮起一阵清风。有了益加益公司的破局，中国小型民用榨油机才开始与时代接轨，与电气科技融合。这是一个创举，一个时代的创举。

当时北京营销传统榨油机的公司规模都很小，益加益公司正常经营不到两年，就挤垮了其中的大部分。但北京市场非常特殊，它盘子大，游资多，看到益加益公司蓬勃发展，收益日增，另外一些专找投资热点的资本便跟踪而至，也想来分享一块榨油机大市场的蛋糕。可他们缺少专业技术、专业人才，缺少对榨油机的热衷和感情，更没有"感恩农村、助力农业"的情怀，只是想乘势赚钱，所以也不会在研发上花精力、投资金。于是仿制就成了他们谋利的捷径，益加益公司这只行业领头雁自然而然成为争相模仿的对象。在我国，尽管知识产权保护已经立法，但在利益的驱使下，一些人还是会以身试法。我们也起诉过一些侵权公司，可法院从立案到开庭审理，到判定，到最后执行，大约需要两年时间。对方如果来个反起诉，又是两年时间，等有结果的时候黄花菜都凉了。

到了 2008 年，对益加益公司产品的模仿已经到了肆无忌惮的程度，我们每研制出一款机器或者辅助设备，不出一个月市场就出现山寨版，他们甚至反过来说我们才是仿造者，并和我们大打价格战、消耗战。益加益公司遭到围攻，已经陷入北京同行的重重包围之中。

无奈之下，我们决定放弃一个公司的利益，在争取法律维权的同时，主动反击。我们决定用"清大校业"打一场狙击战，披挂上阵做一名"狙击手"，掩护益加益安全突围。

决定做出后，先是找到那几家和益加益公司跟得紧的公司，派人扮客户直接前去查找其破绽，带回这些公司最新宣传资料。一是在自己的宣传资料上复制这几家公司的设备图片和标价，直接降价五分之一，即成本价，并且为购机客户免费送货到家，免费安装，免费现场技术培训。其二，联系为他们做广告的公司，将"清大校业"的电视广告紧贴着他们的一起播出，尽可能让客户同时收到两家公司的宣传资料。

不出半月，这两项举措便收到了效果，原本与益加益公司对掐的几个公司随即调转枪口，将火力对准"清大校业"。

几个规模小、力量薄弱的公司不久就撑不下去，倒闭了。

另几个规模大、力量雄厚点儿的公司也跟着降价，但由于他们的设备总是在我们之后出来，即使降到与"清大校业"平档还是卖不动。维持一段时间后也先后关门大吉。

益加益公司更是不断求进，先后又有多项研发专利获得通过。通过自身的努力提升和"清大校业"的成功阻击，益加益公司终于在榨油机行业一枝独秀。

2009 年以后的连续几年，益加益公司在各省会城市成立了近 30 个分销公司。经过多年的快速发展，现已成为迄今为止国内中小型榨油机最大的生产和销售基地。

5. "校业"后期有遗憾

完成阻击后的"清大校业"也没再继续经营榨油机了，与榨油机相关的设备及配件交付给了益加益公司，与榨油机技术紧密的部分员工也离开"清大校业"，加入到了益加益公司团队。我没有打算就此撤销公司，而是准备重组，转做其他项目。

说实话，之后"清大校业"具体做什么，适合做什么，我真没有方向。但在我心里却始终有个框架，那就是：做可经营的设备，运用广告促销售，帮助用户做市场。

在接下来的一个多月时间里，我几乎走遍了小半个中国。一个人开车从北京出发的时候，我给自己定了一个目标，每天驱车约 500 公里，白天寻找目标公司洽谈项目，天黑后出发到下一个目标所在的城市住下。沿途经过山东、江苏，再到河南、陕西，经内蒙古、河北回到北京。

经过河北的时候，我所考察的项目已经基本锁定在环保水处理工程及设备上了。回到"清大校业"办公室，我开始组织另外 4 个投资人，李伍、卢安、黄道豪、彭如高，召开第一次会议，会议讨论了公司各框架性议题：以环保水处理设备作为主要经营项目，总投资 120 万元，以及占股比例、风险承担和退出机制以及分工协作、商标、专利等事宜。

就环保水处理设备项目而言，大的分类有原水处理、污水处理、净水处理等。仅仅就饮用水处理而言就分为天然水处理、纯净水处理和纯天然矿泉水处理，在这个领域还分为中间水处理和终端水处理……

我之前所考察的，也是计划在公司推出的是：创业型工程类水处理设备。

而恰恰在"创业型设备"这个关键问题上，主要股东之一的李伍却在全体股东会议上当众提出反对意见，他坚持要求公司经营他提出的"家用终端型水处理器（即家用饮水机）全国招商"项目，其理由很直接：他有投资就应该有话语权，而且他做过其他的终端产品招商项目，在会上他侃侃而谈，一副很有把握的样子。

如此一来，所有股东都沉默了……过了许久，我以公司总经理身份宣布休会。

原则性问题没有解决，公司就不能启动运作，在接下来的几天时间里，我耳边听的更多的意见就是：重新对两个项目做进一步市场考察。

于是，李伍开着公司的车带着卢万安、黄道豪驱车去千里之外的广东、福建进行"家用饮水机"市场实地考察。看见那里的家用机生产厂家如火如荼、一派欣欣向荣的景象，三个人信心更大了。回公司后我主持召开了第二次股东大会，在会上就经营项目选择，李伍提议，5个股东举手表决。

表决结果二比三。支持我上"居间型水处理设备"项目的只有彭如高。根据少数服从多数的原则，会议决定：家用终端型水处理器（即家用机）全国招商。

2008 年 10 月　黄运炎在人民大会堂重庆厅新产品发布会现场

　　尽管我是最大股东，尽管我持保留意见，但还是尊重会议决定，也积极配合熟悉招商业务的李伍工作。为了赶制招商手册，我和李伍在广告公司设计部吃盒饭、睡沙发，连续熬了两个通宵，紧接着请来北京电影学院实习生拍摄招商广告专题片。

　　因为手续齐全，"清达康"牌家用水质处理器的招商广告，分别在几个省级电视台开始有计划、分时段播出。为了进一步扩大广告宣传力度，企业还在北京人民大会堂重庆厅召开新产品发布会，多名记者在各自媒体上作了现场报道。

　　可喜的是，每期专题广告播出后，话务区里的电话响个不停，一般可连续接听达2000多个。

　　按照计划，先期安排四家电视台播出四期广告，费用每期6万共24万元，然后对所有客户电话进行回访消化，根据实际效果再做下一步安排。

　　算上之前重组公司期间的支出（包括房租、生活、差旅、宣传册印刷、广告片拍摄等），加上广告播出费用，一共花出去了约40万，为总投资的三分之一。

　　可悲的是，接进来的近一万个电话里，真正想做产品代理的寥寥无几，绝大多数是居家使用，购买数量一到两台，而且要求代理价。

　　这也太出乎意料了！

　　分布在全国各地的单购用户根本无法落到实处，除了运费我们还得派人上门安装，这就意味着产品一出库就面临亏损，多卖多亏。

　　先期的花费要打水漂了，李伍急了，所有人都在议论纷纷，开始质疑这种产品、这样的招商模式是否适合。

　　在股东会上，李伍百思不得其解，要求四个电视台再播出一期。开弓没有回头箭，那就再冒一次风险。

　　于是，又一个24万花出去了。

得到的反馈与第一次如出一辙，"雷声大雨点小"，"只见楼上脚步响，不见小姐下楼来"。虽然也做了几家代理，但杯水车薪，无力回天。

加上这段时间的工资和其他支出，70万元已经没影了，账上只剩50万元。再这样做下去，剩下的钱很快也会没了。

股东会上，李伍提出退股，账上剩下的款额乘以其占比，他带走了属于他的投资结余，他的裙带关系人也跟着离开，留下的是一个元气大伤的烂摊子。

这个时候，再让剩下的股东"掏腰包"集资显然不现实，何况之前我替其中的两个股东垫过股金。等于说我除了自己的股金亏损之外，所垫股金也赔进去了。这一跤我摔得不轻，而且摔得挺冤。

由此看来，当初选择项目时的"举手表决"简直就是个笑话，真理往往掌握在少数人手里。

可是，一蹶不振从来不是我的性格。在一致的意见达成后，公司转头经营我提议的"创业型水处理设备"项目。

我知道我身上有个致命缺点，那就是办事"虎头蛇尾"。我千辛万苦找回来一个项目，本打算放手一搏，好让三兄弟在共同拥有的榨油机项目之外再锦上添花，增加一个永久性环保项目，以图发扬光大、长治久安。不曾想中途杀出个"程咬金"给否定了，结果元气大伤，这里的"元气"不仅仅指原始股金，更重要的是信心，相当于在旺盛的火焰上浇了一盆凉水。恰恰这个时候老家重建故居，我对公司稍加安置后，开车从北京回到了黄寨，这一回就是大半年。

公司的大小事务主要由黄道豪、彭如高负责打理。中途，河北的水处理项目老手郭武德也加入进来。郭师傅会做设备，加入的目的很明确，他的设备可以卖给公司，自己还能拿公司的工资。

彭如高擅长的是业务，学会了郭师傅的设备制作，就"全能"了。可以说，后期"清大校业"选择经营水处理项目只成就了他一个人。不过，他后来的成功至少可以证明我当初选择的"创业型水处理设备"项目的正确性。

故居修建完成后我也没再回去，公司的员工或离开或进了益加益公司。

这个项目的运营失败，留给我更多的是不舍和遗憾。

回想一路走来，从缺资金的时候依靠"挂靠"做公司，到强强联手集资抱团开公司。从"儿童玩具"到"玻璃钢技术"，再到"仿红木家具技术"，从武汉鲁巷的函大到北京理工大厦，我们一步一个脚印，一步一个台阶，由几个人合伙开一家公司到后来的一个人开几家公司，说明我们草根一族在没有任何基础条件下，不向命运屈服，敢于绝地起生，并且把握机会，用自己的脚走出了一条属于自己的创业之路。

第九章　回到安陆

——益加益公司破浪远航

　　如今这个年代，越来越多的人把人生的追求、梦想的实现，寄托在离家遥远的城市甚至异国他乡。于是，趁着年轻背起行囊，背井离乡去问路天涯。就是这一走，可能多少年都过去了，事业上也如愿得到较大发展。但不少人始终心存家乡情结，怀念故乡故土。因为树高千丈，落叶归根，因为归思难收，故土难离。

眇远临高

一、家乡招商局来人了

北京益加益食品机械技术研究所从开始在"万泉机械厂"立足发展，后因厂房面积的局限不得不迁往北京郊外的采育镇落户，经过十多年的发展，在全国的榨油行业中榜上有名且名列前茅。

就在益加益公司落户采育不久，安陆市招商局的领导到访。原来早在2012年，安陆市政府就制定了一项旨在邀请安陆籍人士回乡投资的"回归工程"。

两位领导转达了安陆市委"回乡建厂，支援家乡"的政策精神，并诚恳地希望将益加益企业和工厂迁回家乡安陆。

那时，益加益公司经过连续几年特别是2008年之后的高速发展，采育镇的工厂已经无法满足市场需求，益加益公司扩建是早晚的事，若想保持全国榨油行业的龙头地位，必须拥有自己的产业基地。

只是在两位领导到来之前，我们都没想过将工厂迁出北京。当时我们三兄弟都在北京买了房子，做好了在北京生活和工作的一切准备。虽然我们心里有着难舍的故土情结，但2千多公里长途迁徙工厂，确实不是件容易的事情，光工厂的机床就有一百多台套。

可家乡政府为了激发在外企业回乡投资的热情，促成企业回归落户，出台了一系列优惠政策，在产业准入、项目立项、信贷融资、占地审批、税费减免等方面出台了很多优惠政策，并有专人专班为落户企业提供绿色通道。

　　于是我答应考虑一下。

　　不久后，两位领导再一次来到益加益公司。这一次，双方就搬迁回乡事宜做出了具体安排。

二、重建老住宅

兵马未动，粮草先行。

在益加益公司大迁徙之前，我先回到家乡打前站。回到阔别20多年的故乡黄寨大塆。此时的黄寨，早已不见儿时的热闹，曾经六七百人的大村庄，如今满打满算不足百人。那两间半养育我30年坐北朝南的老屋，更加破败不堪，西边的"半间房"已经倒塌，正屋的瓦面穿了好几个窟窿，墙壁严重倾斜，整个房屋摇摇欲坠，一片颓垣败壁、满目疮痍的惨景。

俗言道：一方水土养一方人。尽管家乡落后，但家乡的土地是热乎的，这里的一草一木依然还是那样的熟悉和亲切，父老乡亲还是这般的善良和热情。"美不美，家乡水，亲不亲，故乡人"，作为从家乡走出去的一分子，为了"热土"的耕耘，为了家乡的美丽，我们应该出一分力，献一片爱。

做出了迁厂回乡的决定后，我就打算在家乡长久发展企业。2012 年年底，我先以"徽派风格"翻建以前的老屋，作为我们回乡后的大后方。到 2013 年下半年，新宅院落成，取名"黄家苑"。

黄家苑落成那天，所有的亲朋好友都前来捧场，我们也邀请了市演出团队助阵欢庆。我还在庆典仪式上激情陈词：

尊敬的各位亲朋好友，亲爱的家乡父老乡亲，你们的光临，使我们这个边远小苑热闹、欢快和喜庆，你们的祝贺使我们倍感亲切、幸福和温暖。这里，我谨代表我们三兄弟以及全体家人向各位来宾的光临表示热烈的欢迎和衷心的感谢！

有两首唐诗这样写道：

离别家乡岁月多，

近来人事半消磨。

唯有门前镜湖水，

春风不改旧时波,

少小离家老大回,
乡音无改鬓毛衰。
儿童相见不相识,
笑问客从何处来。

虽然这是唐诗,但现在读起来仍然有同感。在如今的这个年代,越来越多的人把人生的追求,把梦想的实现寄托于离家遥远的地方甚至异国他乡。于是趁着年轻背起行囊,背井离乡去问路天涯。

这一走一拼一晃就是多少年过去了,大家已变得不再年轻,甚至是鬓毛衰了。尽管如此,我们依然心存家乡情结,怀念故乡故土。因为树高千丈,落叶归根。因为归思难收,故土难离。

我们也因此想到了旧房改造重建故居。

今天我们邀请各位亲友前来就是想以故居会故友,因怀旧而叙旧。

得益于益加益公司的发展,我们兄弟仨的经济条件得到极大改善,晚辈们也圆了长辈们的留学梦。我的两个儿子黄磊、黄文驰留学澳大利亚,老二的女儿黄艺茹留学加拿大,老三的大女儿黄苗苗留学新西兰,二女儿黄童童还小,长大后或许也会出国留学,小儿子黄楷洋出生在美国。

黄家苑落成当年,孩子们纷纷归来,全家人齐聚黄家苑,过了个意义非凡的新年。那段时间里,回望我们走过的路,我心里感慨颇多:命运虽然给了我们一个糟糕的起点,但我们穷则思变,顽强拼搏,凭借知识和努力改变了命运。

如今,经过多年执着打拼,我们终于能够荣归故里,在曾经一贫如洗

2013 年摄于黄家苑

的故居把酒言欢。但黄家苑的建成不一定为了满足居住，它会告诉我们及孩子们，无论将来走多远，我们的过去很贫穷，我们的根永远在黄家苑。

三、创办益加益公司产业园

在黄家苑建成之后的 2014 年春，我们来到安陆市委办公室和有关领导接洽益加益企业的回归建厂事宜。

为了促进地方经济发展，市政府制定了旨在邀请安陆籍人士回乡投资的"回归工程"，在土地价格、项目立项、简化手续、减免税费等方面，出台了很多优惠政策，并有专人专班为落户企业提供绿色通道。

5 月，"益加益公司产业园"正式立项建设，地址位于安陆市东城经济开发区银杏大道东 12 号，产业园规划占地 150 亩，总投资 2 亿元。

两年内，园内建成办公大楼、人才公寓、各种车间和物流广场近 10 万平方米。同时，回归后的益加益公司立足长远，新引进了高精度数控车床、数控电火花机床、数控线切割拉床、全电脑热处理设备、可控气氛多用炉、现代化喷涂机、自动化生产线等专用设备共一百多台套。

益加益公司从此开启了数字化、正规化、规模化生产的新纪元。2017 年成立益加益集团公司，注册总资本 3800 万元，主要研发生产中小型榨油机、大中型精炼油成套设备等，机械设备年产量 8000 余台套，是迄今为止国内同行业最大的极具规模的榨油机、炼油机专业制造商。

目前，益加益集团拥有七百多名员工，年产值数千万元。截止到 2021 年，益加益集团在全国设有二十多个直销分部和一百多个售后服务网点。

国内用户足不出户就能享受到我们企业的贴心服务。

　　在满足国内客户需求的同时，公司的高科技、智能化产品还出口到中亚、东南亚、非洲以及巴西、加拿大等国家，让世界感受到了"中国制造"的力量。

　　生逢这样一个伟大时代，何其幸哉！

附录一　多种场合致辞选

　　生在家庭里，长在社会中，说话沟通就是种社交。中国是礼仪之邦，社交礼仪不可或缺。而作为社交礼仪中的一种表现方式——致辞，可以表达思想、抒发感情，已经贯穿于人们的生活之中。

　　印象中小时候的我，特别不爱说话，在学校里这方面似乎也没有得到太好的锻炼，而在创办企业、发展企业的过程中，很多场合我不得不硬着头皮走上去，表达我的那些不太自然、不尽如人意的所谓致辞。

一、在产业园落成典礼上

各位同仁、各位朋友:

今天是 2016 年 11 月 28 日,吉阳高照、紫瑞云集,在各方面人士的共同努力下,益加益公司产业园不负众望如愿顺利落成。我们有幸邀请到市委领导、各兄弟单位代表、各位朋友以及全体同仁,欢聚在益加益公司广场举行产业园落成典礼。在这喜庆的时刻,我代表全体益加益公司人向前来参加庆贺的各位嘉宾、向所有关心支持产业园建设的朋友们表示热烈的欢迎! 向辛苦在施工工地的全体建设者表示衷心的感谢!

黄运炎在益加益公司产业园落成典礼上

益加益公司 2001 年始创于北京，历时 14 载，风雨兼程，于 2014 年开春，由政府招商引资回归到我们的故乡——安陆这片热土，让我们这些游子终于有了回家的感觉。

今天，经过短短两年的日夜奋战，被市委誉为"益加益公司速度"的产业园提前落成，标志着一个耗资近两亿元的集新型工业厂房、专家公寓楼、行政综合楼为一体的现代化产业园，在安陆东城经开区悄然崛起。

益加益公司人在自己的家乡已然安营扎寨，完成了企业战略转移、战略投资的第一步。同时，也标志着益加益公司人对系列产品的标准化、国际化管理正式启动。

岁月流金，光阴荏苒。创业维艰，奋斗正酣。

今天，欣逢盛世。明天，征程伊始。

让我们居安思危，迎接挑战，充分运用天时、地利、人和优势，让产品生产和管理不断拥有新起点，让企业和员工不断勇攀新高度。

让我们为今天喝彩，让我们为明天祈福。谢谢大家！

二、在产业园首届职工年会上

又是一年时光尽，

一寸年轮一寸心。

漫漫征程且珍重，

几多风雨几多情。

集团公司出能人，

放眼满座皆功臣。

有才有德有技能，

齐心共奔好前程！

这是一年一度的公司年终总结表彰大会，一个全体益加益公司人共同参加的年度盛会，在我看来这更像是一场群英会。益加益集团的逐步壮大，离不开在座每位同仁的辛勤付出和努力拼搏。在此，我谨代表公司向辛勤工作在全国各地、向产业园内各个岗位的全体同仁以及家属致以十万分亲切的问候和百万分崇高的敬意！

大家有没有感觉到今年似乎比往年过得要快？一晃又到春节了，年轮又多了一圈。好像有好多的事情没有做完或没有做好，好多的目标和梦想还没有达到和实现。

毛主席说：

"雄关漫道真如铁，而今迈步从头越！"要求大家坚定信念。

"我们的目的一定要实现，我们的目的一定能够实现！"

今天站在这里，我感慨最强烈的是我们的团队在壮大，兄弟姐妹在增加，而且业绩又上了一个新台阶。

古三国中吴国的一位国君这样说过："能用众力则无敌于天下矣，能用众智则无畏于圣人矣。"正是因为聚集了大家的力量和智慧，才有了益加益公司今天的成绩。感谢一路有你！

新年孕育新希望，新年释放新能量。让我们继续沿着益加益公司既定的发展方向，团结一心，众志成城，争取更大辉煌！

三、在 2019 年职工年会上

春播、夏耘、秋收、冬藏，自然界四季轮回，周而复始。其实，人生也有春、夏、秋、冬四个季节，长度 100 年，每 25 岁为一个季度，分别为：

构筑梦想的春天，

奋力拼搏的夏天，

收获果实的秋天，

再现余晖的冬天。

所不同的是，人生的四季只有一次，没有轮回，不能重来。这就是人们常说的：生活没有彩排，每天都是直播。

在座的各位同仁几乎都处在努力打拼的第二个 25 岁，也就是火热的夏天，是不是啊？

我们在这里分析人生的四季，目的是希望大家把握好现在的打拼季节，争取到了秋天能收获丰硕的果实，从而实现生活质量、人生价值的最大化。

好了，让我们挥手告别 2019，张开双臂迎接 2020。最后说一组数字密码：2020520！

四、在 2021 年分公司职工年会上

又是一年落叶黄，

各位一路多繁忙。

今日欢聚开年会，

畅享新年新希望。

时间的列车总是一向正点到站，正点出发，刚从上一站 2020 年，已经带着我们大家驶向下一站 2021。

回首过往，分公司自成立之初一路走来真可谓是起伏跌宕、摇摇晃晃。能有今天的成绩，离不开在座每位同仁的辛苦付出，这里，我代表企业深深道一声：你们辛苦了，谢谢你们！

2020 注定是不平凡的一年，先是新冠病毒疫情把人们困在家里近一个季度。疫情解除后，同行业中因为某些公司的某些人私欲膨胀、无法无天，相继发生广东佛山事件、河北石家庄事件、山东德州事件，殃及全国同行业市场，让整个业内从员工到投资者人人自危、不得安宁。

当然，世事无常也有常，那就是物极必反，否极泰来，坏事的尽头就是好事的开始。这些事件可以让市场重新洗牌，所谓"清者自清，浊者自浊"，重新洗牌后让我们获得更大的发展机会。就像一个人生病了，做手术会疼，但手术过后，人更健康了！今年我们增加了重钢装配式建筑和钢

混魔卡建房体系，新的一年里，这两大商业项目一定会让公司让在座的每位更上一层楼！

这里要特别强调的是，在行业市场一度低迷、人们都在彷徨迷茫的时候，你们对分公司不离不弃、紧密追随，这让我们非常欣慰。俗话说：不是一家人，不进一家门。因为我们彼此拥有感恩回报之心、胸怀兄弟姐妹之情，所以大家能够做到风雨同舟、荣辱与共。

让我们共享新年新希望！

五、在分公司动员大会上

时间总是不受控制地往前走，春节的感觉还没有走远，一晃新一年又过去了一个季度。在座的每位同仁几乎都是上有老下有小的家庭顶梁柱，一定都有年计划、年目标。

对于每位新同事而言，这里是一个新的征程，新的挑战，也可能是你们人生中的一个新的起点。企业是给客户做豪华别墅的，通俗说就是建房子。事实上我们在座的每位同仁，都在为自己建房子，建事业上的房子，建能力上的房子、口碑上的房子，一句话就是建个人形象上的房子。

我们不仅要把客户的房子建好，个人形象的房子也同样要建好。因为它象征着财富，象征着无形资产，也象征着生活品质。所以，这个形象房同样不能出质量问题。

我们希望新员工尽快融入团队，熟悉本职并投入工作，充分发挥潜能，为企业为自己拼搏出一番天地！

借此机会，我想送给各位四句话，与大家共勉：

> 怀忠诚之心，
>
> 担责任之本，
>
> 存拼搏之志，
>
> 做有梦之人。

今年是牛年，就让我们在牛年牛气冲天吧！最后，我想重拾我们幸福家园的品牌，这个品牌意味着我们是一个幸福的大家园。

六、在自己60虚岁生日宴会上

不知不觉花甲年，有如弹指一挥间，

回首感叹六十载，酸甜苦辣再加咸。

且喜兄弟同打拼，白手起家创集团。

四世同堂天伦乐，共享锦绣大家园。

不知不觉快60岁了，说起来我自己都不敢信，时间为什么过得那么快！真像在弹指一挥间。60年的人生经历，60年的风雨兼程，60年的时光变迁，使我百感交集。无限的感慨、感叹、感怀油然而生。今天，我更想说是感恩和感谢：

感恩父母生我养我，

感谢兄弟抱团打拼，

感谢子孙将生命延伸，

感谢同事不离不弃一路相随，

感谢今天到场的每一位为我庆生，为我送礼送福！

"海上生明月，天涯共此时。"让我们彼此为今天庆祝，让我们互相为明天祝福，干杯！

七、在老三运炼 50 岁生日宴会上

弹指之间五十载，

一路相随走过来。

苦寒荣华都尝遍，

但愿人生更出彩。

知天年华花正香，

功成名就标金榜。

大家齐聚来庆生，

共祝人生更辉煌。

人们概括人生，常常引用一段古语：十岁不愁，二十不悔，三十而立，四十而不惑，五十知天命。随着岁月年轮的推进，现在已经完全改变了。十岁也愁，愁作业。最近电视上正在热播的电视剧叫《二十不惑》和《三十而已》。看看，足足把人们的实际年龄缩短了 20 年，这个叫心理年龄，大家的实际年龄减掉 20 年是多少？

这样一来，在场的所有人都正年轻，都大有奔头。大家说是不是啊？

如果按毛主席写过的一首诗"自信人生二百年，会当击水三千里"来讲，50 岁只是人生的四分之一，我想就用这句话送给今天的寿星。

八、在黄磊婚礼答谢宴会上

千里姻缘红线牵，

沪汉本是一水连。

感谢亲朋齐庆贺，

共祝新人乐无边。

这是个美好的日子，这是个幸福的时刻，今天，长子黄磊宣布了终于结婚成家的喜讯。此时此刻，承蒙尊贵的各位嘉宾在百忙之中，应邀欢聚一堂同喜同贺。这里，我谨代表全家由衷道一声，谢谢啦！

成家立业是人生重要历程，黄磊常年侨居海外，从今往后更加有理由打理好自己的生活和工作，更加懂感恩、知担当、尽责任，对家庭对社会充满正能量。

好了，感谢主持人和演职人员，感谢庆典公司和吉阳酒店。

再次感谢各位嘉宾，祝你们吃得开心，喝得尽兴，玩得嗨皮。不周到之处敬请海涵，谢谢大家！

九、在黄文驰婚宴上

凤凰湖畔栖凤凰，儿子儿媳喜成双。

六百嘉宾送吉祥，快乐满屋福满堂。

这是个阳光明媚的日子，这是个幸福吉祥的时刻。今天，二儿子黄文驰、二儿媳阮臻高洁终于喜结良缘！此时此刻，天降吉利，地生瑞气。在这良辰吉日，承蒙尊贵的各位至亲挚友在百忙之中应邀莅临凤凰湖酒店的婚礼现场，让这场婚礼显得更加热闹而且隆重，在此，我代表全家热烈欢迎你们！衷心感谢你们！

说到感谢，这里要特别感谢来自安徽芜湖我的亲家，感谢你们含辛茹苦培养出了一个知书达理、聪明能干的女儿，同时也要感谢你们对彼此不同环境、不同习俗的尊重和理解。

成家立业是人生的重要历程，文驰、高洁你们同为澳洲悉尼大学硕士，拥有更为丰富的文化素养，更加有理由打理好自己的生活和事业，更加有理由做到相互珍惜、彼此包容，过好小日子，让自己开心，让亲人放心。

这里我想邀请各位来宾和我们一起对这对新人再次用热烈的掌声表示祝贺！

好了，今天的婚礼主持很精彩，现场的工作人员也辛苦了，在此一并致谢！

再次由衷感谢各位来宾！

附录二　修谱撰文选

　　树高千丈有根，水流万里有源。在人口迁徙越来越频繁的现在，无论我们身在何处，无论我们有多辉煌，都不要"数典忘祖"。尊祖爱宗即为报本反始、承前启后，作为宗亲的一员，回到故乡的我为宗亲公益尽了点绵薄之力。

一、《宗谱》序言

纵观古今，国家有史，载朝代，述政事，明兴衰；地方有志，知风，晓人情，示更替；家族有谱，考世系，颂祖德，迪后生。三大组成部分构成华夏历史的完整体系，记述中华民族的繁衍历程。中国乃世界文明古国、大国。如此泱泱大中华，悠悠上下五千年，连绵不断，巍然屹立，皆因素重宗族观念、民族意识，进而融合为国家观念、爱国情怀。

茫茫宇宙，浩瀚乾坤，木有其根，水有其源。为人一世当追根溯源，正所谓"观今宜鉴古，无古不成今"，亦云"前人不修谱，后人寻根苦"。

然作为我中华古老大姓之黄姓一支，自元末明初始迁祖宗文公从黄冈麻城调籍于古黄寨至今，凡650余年传26代，如今已达数千之众，却均未见祖上有"宗谱"传下。唯有口述传说、残碑片纸，凭此零零散散之信

息，方略知迁徙繁衍之脉络。以至于众宗亲不详先祖历史，不明世代关系。故此，尽可能搜集整理、编辑印刷《宗文堂黄氏宗谱》，势在必行且迫在眉睫。

曾几何时，几多热心族人几经激情尝试，也都几度遗憾作罢，皆因年代久远、缺证少据、人力不足以及资金短缺，修谱工程可谓浩繁而艰巨。

可宗文堂宗亲从来不乏秉性之人。为慰先祖，报祖恩，承上启下，继而抢救本支宗族文化，唯恐《宗谱》断失于我辈；凭感恩之心、积一腔热情，知难而进，竭力而为。公元2019年2月14日，由族上诸位老年人代表、政商各界等热衷于宗亲事务代表参加的修谱建陵第一次筹备会召开，会议决定成立"宗文堂黄氏宗亲事务委员会"，以统筹系列工作。

之后，相继筹备大小会议10余次，同年4月3日，逾200人参加的宗亲联谊暨募捐大会成功召开。依靠群策群力，宗委会历经一年许，《宗文堂黄氏宗谱》终于如愿成印。虽不堪为书，但可考族人世代关系、可显宗族风俗文化、可彰族中能人骄子，以迪后者追根归宗、扬善图强。

本次修谱，凡始迁祖宗文公一脉相承且辈分吻合者皆属列入范畴。为体现男女平等，女性及女性配偶（即女婿）亦列其中。

借此点赞之宗亲：

1. 热心支持修谱工作、热衷宗亲事务之爱族敬宗者。

2. 积极响应宗委会募捐倡议，为修谱建陵无私捐款者。

3. 为宗亲公益工作不辞劳苦、不计报酬、付出辛勤劳动者。

实难避免之遗憾：

1. 始迁祖宗文公生平、生卒及调籍（即公元1369年）前之世代关系均无从考证而未能收录。

2. 始迁祖宗文公画像也依宗文祖在族人心目中形象和口碑即和善、仁慈、富态及身份即举人等元素凭想象而作（作者：黄亚玲，宗亲中青年画家)。

3.因资料不全,大部分支门或脉络不清,或先祖名字不详,或迁出历史缺失,甚至或有迁出失联宗亲未能在列。

《宗文堂黄氏宗谱》既是记载吾族祖祖辈辈和睦相处、繁衍生息、发展壮大的一部家典,又是激励子孙后代承前启后、继往开来、团结拼搏的一座丰碑。诚然,一个人为了生存、事业而背井离乡、独步天下,可无论行走何地,漂泊多远,心灵深处却牵挂着亲人和故土。这种浓重情怀,实乃归宗意识之自然表露,亦为"宗谱"产生之民俗意识根源。

回望宗文堂宗族六百多年来衍续之历史,虽未见出过诸如封疆大吏、伟人巨匠,但亦可谓人才济济、精英辈出。其中有古代举人、翰林、高官及现代专家、学者、艺人、企业家等,他们为宗族增添了光彩,更为族人后裔树立了榜样。

黄姓自古乃中华大姓,现已达三千万之众,在姓氏排名中位居全国第七。如此庞大姓氏,历经千百年代,南来北往迁徙,支门支系无数,尤其是缺少文字记载,一条脉络很难追溯久远。就宗文堂支系而言,就出现了自明初始迁至清末四百余年的"真空地带",故本次修谱可谓不尽如人意,只能将可考的世代关系、人物传记、宗亲文化等整理成册留存。

"欲穷千里目,更上一层楼。"惟愿所有族上儿女都能够活出精彩人生,为家族历史书写更加辉煌新篇章!

此次名曰修谱,实则撰谱。因无谱可依,无证可考,抑或编辑时间仓促,抑或编者能力不济,遗误之处在所难免,恳请众宗亲批评指正。草草如上寥寥数语,是为序。

二、修谱倡议书

国有史则知兴衰，族有谱则明世系。参天之木，必有其根；怀山之水，必有其源。人生一世，当知来龙去脉，否则，上愧于祖宗，下羞于子孙。为达此意，特提出如下倡议。

一、修订宗文堂黄氏宗谱

1. 修订黄氏族谱的意义

（1）追念先祖美德，遵从祖规祖训，理顺世代关系，著录族人功能。

（2）敦睦当代宗亲，凝聚人心亲情，致力兴业旺族，恩泽时代社会。

（3）启迪后世归宗，传承敬祖强族，崇尚治学治业，谋求发扬光大。

2. 修订黄氏族谱的背景

古人云：国盛修志，族旺修谱。族谱与方志、国史共同构成中华民族历史大厦的三大支柱，是我国珍贵文化遗产的一部分。

黄姓乃中华古老姓氏之大姓，人口数量全国排名第七位。作为黄姓一支，黄寨《黄氏族谱》已失传甚久，广大族人几乎异口同声，表示对自己祖先的历史不够了解，对世代关系不够清楚。因此，搜集理出全面系统的《黄氏族谱》是人心所向、众望所归。

曾经，数位热心族人几经激情尝试，终因人多面广、年代久远、缺证少据，加上人力不足、财力不济等原因而中途作罢，遗憾不已。呼之待出的《黄氏族谱》至今未能与族人见面。

事实如此,在缺少现存证人证物情形下,完成修订《黄氏族谱》确实困难重重、压力山大。其工程复杂、浩繁而艰巨,不仅需要必需的人力、财力和时间,更需要我们对本宗亲事务执着热情的态度和无私奉献的精神。

3. 黄寨黄姓始迁祖黄宗文简介

据考证,元末战乱年间,安徽朱元璋和湖北陈友谅两股农民军之间经历了一场血雨腥风、规模浩大的战争,所过之处,血流成河、尸横遍野,其中受灾最严重的要数随州、德安(即安陆)两府。公元1368年朱元璋称帝,明朝建国后力推移民政策,以调节因战争造成的人口荒。

据考始迁祖宗文公随迁徙人潮迁徙至古黄州府麻城县,暂栖修整后,于洪武二年(即公元1369年)被调籍至涢水西岸邓家庄(后更名为黄府三旗)。因举人身份分得土地数千亩,纵横数里。其育有三子,长子随父栖息于黄府三旗(今黄寨),次子迁徙何地无从考证,三子居住在平林以东寿山南麓。

自公元1369年始迁祖调籍于黄寨大塆至今,已有650年历史,繁衍近30代,支门无数,生生不息、枝繁叶茂。世代留居者加外迁人口累计,如今已达六千之众,实为大兴大姓之望族。

4. 黄氏古今素有建功立业传统

历朝历代,诸多族上先祖功勋卓著,无数乡绅雅士层出不穷,多少文臣武将、爱国志士、热血男女勇当正义和疆土卫士,甚至血洒沙场为国捐躯。他们是族人之骄傲,族谱之光环,理当搜集整理入谱铭记。

再看当今,各位黄氏宗亲,从政从军从商,爱国爱党爱民,在各地各行建功立业。就从商而言,黄氏千百企业,花开全国遍地,巨贾四海涌现，他们富甲一方，恩泽一片。诸如此类光宗耀祖之族人之事迹，汇入族谱，可以上以慰先祖，下以迪后世。

二、修建宗文公始祖陵园

黄寨黄姓始迁祖宗文公陵墓位于黄寨大塆北山旺地，该地呈虎形状，属风水宝地，真龙正穴，可谓永不衰败。黄姓族人如此人财旺盛，亦蒙祖上有灵，荫福庇佑。然祖墓历经数百年风雨侵蚀，年久失修，现已碑断形失。族人见之，实感怆然，宗亲闻之，亦然汗颜心酸。根本不像大姓望族之祖坟，每年清明祭祖，也只有少数族人前往，更多宗亲甚至不知道始迁祖墓地之所在。

始迁祖墓这般无颜，与兴旺昌盛之黄氏大家族极不相称。俗言道：祖墓无颜，则后人无面。因此，重修始祖陵墓，再铭先祖青史，乃我辈敬祖行孝，为子孙后代多积阴德，保佑黄姓族人万世荣昌之必需善举。

三、做族人公益需群策群力

族人之事虽是义务，是义举，总得有人站出来，担起来。

时至当今社会，国家繁荣昌盛，人民安居乐业，天时地利人和，正是修谱、建陵之良机，此时不为，更待何时？

此次修订的《宗文堂黄氏宗谱》是统谱，凡宗文公祖先血脉传承的所有黄寨黄姓族人，以及早年从老黄寨迁居异地的黄姓宗亲，均在其列。

各位族人，如今健在的还有少数二十世纪三四十年代出生的老人，对祖宗的些人些事还有零星记忆，得赶紧问录；民间或许有相关故事传说和物证类尚存，需迅速收集；部分支门族人也有本支族谱，要及时汇拢。修订黄氏宗谱，事关全族人人，工程何其浩繁，全体族人理当齐心协力。

人在乾坤，自有其根；敬祖尊宗，中华传统。重建始祖陵园，缅怀祭奠先灵，懂得饮水思源，明白知恩图报，增强思亲意识，传承德行孝心。

此尊孝之举，各位宗亲定会一呼百应。

　　唯有举全族之力，宗文堂黄氏公益事务方得以善始善终，这是历史也是时代赋予我们这代人艰巨而光荣的使命！

　　特此倡议！

三、在宗文堂宗亲募捐会上

在众多热心族人的一致呼吁和推动下，今年 2 月 14 日，我和建军书记牵头组织召开了第一次宗亲事务筹备会，成立了以始祖名字命名的"宗文堂黄氏宗亲事务委员会"，目的是有组织、有计划、分阶段地完成事关全体族人的公益事务。

在这个委员会里，所有的工作都是义务，所有的职务就是责任。

根据前 9 次筹备会的一致意见，委员会要组织宗亲完成四件事情：

第一，就是已经开始的修订《宗文堂黄氏宗谱》的工程，因为没有宗谱，很多族人三代、四代以上的先祖就不知道名字了，子孙后代就更不知道自己的根在哪里。还有，宗文堂黄姓过去和现在，出现了很多值得后生纪念的人物和历史事迹包括创业故事，这些可能载入不了青史，但可以录入自己的宗谱，让族人和社会所铭记所传颂。完成修谱工程预计需要 50 万元。

第二件事情，兴建黄宗文始祖陵园。很多族人每年的清明节都会去始祖墓烧香祭拜，600 多年来可谓香火不断，青烟缭绕，才有黄姓宗亲的世代繁荣。看如今黄氏众多族人仕途得意，学业有成，巨商无数。黄姓可谓名门望族！但始祖墓却并不显眼，而且无碑无传。俗话说"祖坟无颜，则后人无面"。势必要重新修缮立碑，建陵园，立亭子，修祭祀台，让族人

186

尽孝思根，祈祷先祖荫福保佑黄姓宗亲更加繁荣昌盛、兴旺发达。这项工程约需 70 万元。修谱建陵，争取在一年左右完成。

另外不少族人提到，始祖陵园建成后，每年就会有迁居外地的族人前往烧香祭拜。遇到"清明时节雨纷纷"了，这些族人们得有个落脚栖息的场所，在没有祠堂的情况下，还得建个"黄氏宗亲清明会所"。如族人们能进一步慷慨解囊，一并建成，皆大欢喜！

顺利完成好上述两件事情后，委员会才有资格组织大家做第三件事：就是重修"宗文堂黄氏宗祠"。以前的农具或许就是未来的文物，然后把祠堂功能一并融合进去。

当然，委员会还希望做第四件大事，就是成立"宗文堂黄氏宗亲基金会"，进一步为族人公益事务服务，基金会资金或扶贫济困，或创办乡村企业、特色农场、开发旅游景点等等。

尊敬的各位宗亲，有言道：人越大气、越舍得，就越能成大事。做人做事做公益，凭的就是一颗心。心有多善良多慷慨，人生就有多幸福多富有，心有多宽阔多大度，道路就有多宽广，事业就能做多大！

祝今天的大会圆满成功！

附录三　参与政协思致远

　　尽管民营企业对于地方经济建设的作用越来越不可替代，而民营企业的生存和发展却离不开优良的政治生态环境。作为新时代的企业人理应具备高度的政治觉悟和社会责任感，积极参与民主政治，为社会的可持续发展尽一份力、献一份策。

　　民营企业家首先是人民大众的一分子，享有理所应当的民主权利，在民主政治的社会中发展起来的私有经济，也首先应该是政治经济，也理所应当服从政治需要，因为政治为民。

　　益加益集团落户安陆后，我作为企业的代表被推选为安陆市政协委员、市工商联合会副主席，同时还是市书法协会副主席。

一、在市政协会议上

元旦刚过，两会开幕，上午聆听了市长为安陆人民描绘《2019年发展蓝图的报告》，令人振奋，催人奋进，值得期待。

我是2014年市政府招商回归的重点企业——益加益集团公司代表人黄运炎。很荣幸有机会在这样的场合向市委领导和各位企业家汇报个人意见。两个方面：

一、企业方面，运作模式需要与时俱进

以我们自己的企业发展过程为例，2001年刚在北京注册的时候，资金就几十万，七个人。十八年后回乡投资过亿元，零贷款，经营的产品是新型榨油机，安陆的同行业公司应该不下十家，而且每家公司的资历都在益加益公司之上。

说到区别，应该就是运作模式不同。包括激励机制不同。现代销售，酒好也怕巷子深。现代产品销售要依靠电视和网络媒体，它就一个字：快！传统的人传人的方式，也是一个字：慢！

益加益公司重视在媒体上广而告之。据了解传统的销售模式几乎是零广告费。这么说吧，不做广告销售的产值是2000万，拿出100万做广告，就可能是四五千万，这就是区别。

当然，产品自身品质不断优化是必然的。比如同样都是榨油机，益加益公司已经是榨油炼油一体化了，油料倒进去，出来的油可以进超市。

二、政府方面：安商和招商一样重要

改革开放40年了，出去走走看看，其实安陆发展很慢。招商引资需要进一步加大力度，解放思想，壮大胆量，放宽政策。

和企业销售产品一样，政府招商也需要有得力的后续服务，企业叫售后服务，政府权且叫安商服务吧。而从益加益公司回归搞建设办手续的情况看，六个字："部门多，办事难"。

这里提个建议：

政府为全市企业成立一个"企业之家"，专班专人专职，并且充分放权，像电视里的"特派员"那样，能独立作主，可特事特办，避免企业东奔西跑、泛泛而求且不得其果。

切实解决安家企业的具体问题，让这些企业协助政府招商引资，从而实现良性循环，发展安陆经济。

二、政协会议提案一

提升城市形象　鼓励企业参与

一、城市面貌堪忧

1. 马路面、树叶面、房屋面长期积尘，卫生死角随处可见，路牙残缺常年失修。

2. 小广告纸四处张贴，大广告牌杂乱无章，市容市貌没能形成统一风格。

二、交通现状混乱

1. 数量庞大的电动车、摩托车、三轮车无序穿插，不受红绿灯约束，与小轿车、大货车争相抢道。

2. 行人的安全交通意识淡薄，拥堵处、事故易发处缺少"红袖章"疏导指引。

三、整治建议如下

1. 为清洁路面、植被，增加洒水车数量和洒水次数，强化洒水人责任，增进洒水效果。

2. 规划多条单行线、限行线、限车限入区域，并严格执法。开通多线路、多班次市内小型公交或巴士车辆。增加宣传车，倡导绿色出行，鼓励公交出行，凡搭乘公共车出行者一律免费。

3. 鼓励企业参与治理，增加架设人行天桥或地下通道，并以企业名字命名建筑物。

4. 鼓励企业分段包干各条马路的整洁事务，并标牌显示企业名称。

5. 挑选出"安陆市花""安陆市树"及"安陆形象代言人"并广而推之，广而告之。

6. 在进出安陆市的凸显路口广设形象建筑物。

三、在市教委"金秋助学"捐款活动上

尊敬的各位领导、各位业界同仁、亲爱的同学们：

大家上午好！

立业兴邦，教育为本。十年树木，百年树人。青少年学生是祖国的花朵、未来的希望。时值暑假尾声、新学期即将开启之际，很荣幸前来参加这个"真情涌动"的"金秋助学"活动，与全市广大爱心企业一起向困难学子奉献爱心。我是益加益集团公司负责人黄运炎，本企业主营新型榨油机、新型建材和环保水处理，属回归企业，理当回报家乡。

授人玫瑰，手有余香。乐善好施，功德无量。弘扬的是人道主义精神和中华民族的传统美德。涓涓细流润心房，滴滴爱心助成长。作为企业公民，我们义不容辞且责无旁贷。

常言道：穷则思变，变则通，通则久。同学们，我们羡慕你们生长在一个美好的时代，家庭、学校和社会都在时刻关心关注着你们的学习、生活和成长。

贫穷不可怕，我们携手改变。困难不可怕，我们一起克服。希望你们把这种关心关注转化为自强不息、立志成才的强大动力，不负众望学有所成，怀抱感恩回报社会。

最后，祝这次"金秋助学"活动圆满成功！谢谢大家！

四、抗击疫情，从我做起

2020年的春节很不寻常，一个恶魔悄悄地来到了我们的身边，肆无忌惮地威胁我们的生命健康，趁我们不备，打得我们措手不及。这个恶魔就是恐怖猖狂的"新冠肺炎病毒"。它传播迅猛，袭击面广，无论男女老幼，无论健康与否，一旦感染病情便迅速恶化。安陆是疫情重灾区之一，和武汉市民一样，所有人被禁止出户，春节不能走动，大家每时每刻都在关注电视上滚动播出的确诊人数、疑似人数、重症人数、死亡人数等，每一个数字都牵动着我们每一个人的心。

在这场突如其来的严重疫情面前，我们每个人都无法置身事外。尽管新冠病毒来势凶猛，但还是可防可控。我们看到了无数一线医务人员前赴后继投入抗疫工作，看到了不少有识之士自发成立募捐组织，号召人们积极为疫情防控捐款捐物。市新冠疫情防控指挥部代表政府统一指挥着这场没有硝烟的战斗。

然抗击疫情，人人有责。我们益加益公司人首先通过内部网络号召员工老老实实待在家里，睡觉就是做贡献。作为回归企业，益加益公司积极参与社会捐赠，在2月6日向安陆市慈善会捐款10万元。我本人通过微信向市民间组织、市工商联、李畈镇和黄寨村分别捐款5000元共计1.5万元；并积极组织防控物资，为企业复工复产做准备，还为其他企业代购了部分防控用品。

疫情总会过去，社会仍将发展，经济终要复苏，我们的明天会更好！

196

五、政协会议提案二

开发凉伞石旅游度假观光园

理由一：历史悠久有亮点。

安陆八景之一的凉伞石，位于安陆西北涢水中游西岸 15 公里处的字畈镇黄寨村境内。《安陆县志》称之为"车盖亭"，名称源于魏文帝"西北有浮云，亭亭如车盖"的诗句，又有李白与友人乘舟游玩于此石上下棋之说，故又名"太白石"。因结构上圆下阔，可乘凉避雨，当地人习惯称"凉伞石"。

这种近乎文物级别的景点，我们完全有理由把它开发出来，配以其他现代旅游项目，可以大做旅游文章。

理由二：依托万亩观赏林。

凉伞石背靠万亩山地丘陵已被一知名回归企业悉数征租，全部种植了各种观赏树、观赏花。该企业声称，再过几年花树成林后，该地即成一片花的海洋，四季有花开，天天有景观。建成万亩观赏林景区后，预计每天可吸引和接待各地游客上万名！"凉伞石"旅游度假观光园将成为"万亩观赏林"的龙头景区，迎接主要来自涢水河上的水上游客，包括四面八方的陆路游客。

按照本提案设计，凉伞石景区主要由以下现代旅游项目或景点组成：

1. 曲径通幽：林间小屋，度假休闲。

2. 沙滩浴场：天然沙滩，戏水娱乐。

3. 水上观光：游船快艇，碧波荡漾。

4. 走马观花：骑马赏花，往返林区。

5. 七彩喷泉：流金溢彩，享受美感。

6. 学生天地：中小学生，上山下乡。

7. 百果尝鲜：市民采摘，亲近自然。

8. 坐地搬罾：古法捕鱼，定期展示。

9. 特色餐饮：乡村风味，以土见长。

另外，还可在景区内外大面积种植玫瑰花，形成气候，形成文化，将来举办一年一度玫瑰花文化节等等。

理由三：配套美化母亲河。

三十里涢水养育着安陆人民，把她逐步美化成三十里画廊，水质清澈见底，让两岸风景如画。吸引安陆市民离开麻将桌和酒桌，走近大自然，修身养性逸情，提高生活品质。

具体做到：加固两岸河堤，美化沿途风景，杜绝人为污染，禁止河沙开采，严管沿岸渔业，开发水上旅游，造福安陆百姓。

安陆缺少旅游景点，可并不缺少旅游资源。综合开发凉伞石旅游景区，进而对全国广告，对于树立安陆形象、造福安陆人民尤其是涢水沿河两岸民众，意义重大而深远。

建议政府：1. 列为重点投资项目；2. 理顺项目外围环境；3. 改造 4 路公汽公路；4. 开通涢水旅游航线。陈述完毕，敬请政府及各委员审议！

附录四 《孛畈镇志》第五章 民营企业家（摘文）

一、穷则思变，带头拼搏

黄运炎 1962 年 1 月出生，同兴村黄寨大塆人，函大学历。安陆市第八届政协委员、市工商联副主席、市书法协会副会长，曾任多年中学英语教师。

1983 年，第三次高考落选后，不再继续复读，回家另谋出路。在那个计划经济年代，受父亲"砸锅卖铁，让孩子读书"的尊文重教思想的熏陶。他从小刻苦读书，发愤图强。尽管家徒四壁，从来不倒志气。作为家中长子，有责任带头探寻发家之路。离开讲台数年后，又经过了几年的市场摸索尝试。1994 年，在武汉以经营农村儿童玩具作为新的创业突破口，随后两兄弟齐力加入，经营上逐渐有了起色。1998 年—2013 年，兄弟三人在北京依托"益加益公司"涉农机械制造业，一路向上。通过十多年苦心经营，企业规模继续扩大。

2014 年，应安陆市政府招商，回乡创建"益加益公司产业园"。在湖北安陆市经济开发区投资两亿多元兴建占地 150 亩的益加益公司产业园，建成科技大厦一栋、员工宿舍两栋、生产车间数万平方米，拥有多种自动化生产线。企业通过了 ISO9001 国际质量管理体系认证，被评为国家高新技术企业。2017 年组成益加益集团公司，注册资本 3800 万，产品涵盖农机及新型建筑材料，逐渐形成全国著名的榨油机、炼油机生产基地。

益加益集团集机械制造、新型建材和环保水处理等多个项目、多种产业为一体，在全国二十多个省、市设有业务分销处，成为迄今为止全国的最大中小型榨油机、炼油机生产基地。其产品畅销全国，并出口东南亚、加拿大、大洋洲、南美洲、非洲等地。

益加益公司品牌和服务在国内外均享有一定的影响力和知名度。

二、益加益公司黄运炎访谈录

一知名媒体记者采访黄运炎。

问：你在兄弟中是老大，从前是老师，现在是老板，几个身份对你意味着什么？

答：你想比你同龄人多做点事，你就得比他们多读点书。我是 60 后，小学和初中正赶上"文化大革命"，底子薄所以高中读了 5 年，23 岁毕业。紧接着教了 7 年书。而立之年开始学做公司，当了所谓的"老板"，公司的人几乎都沾亲带故。他们多叫我老大，一是年龄比他们大，二是兄弟中我排行老大。

无论是老师、老板还是老大，对我来说它就是一种责任、一种担当。我似乎天生就必须当领路人，天生就应该为人表率。

问：创业前后你都有些什么经历？谈一谈你创业的心得体会吧。

答：在二十世纪八九十年代的农村背景下，我教书上百元月薪很难养家糊口，再加上本来就有颗不安分的心，这就注定我迟早会放弃这份工作而另谋生计，尽管不知道路在何方。我信奉有句话叫：置于生地而后亡，置之死地而后生。

于是去城里种豆芽、卖菜、踩"麻木"。1995 年去武汉打工半年后学开公司，1998 年背了床棉絮了了北京，这一去就是十几年，中间便有了益加益公司及后来的益加益集团，不能说我有多么成功。说到创业的心得体会，我就说以下几点与大家共勉吧：

第一是敢闯。当然不能盲目，要知道自己几斤几两，会什么不会什么。一旦认准了方向就不留退路，背水一战。

第二是执着。没有事情一帆风顺，没有谁能随便成功。遇到挫折决不退缩，知难而退定会一事无成。

第三是守法。记得当初出门，我一个从事公安工作的长辈曾语重心长对我说过：在外面做任何事情一定要守法，因为只有守法才能受到法律的保护。任何经营只要不触碰法律红线，经济往来家长里短的什么都好解决。

三问：你公司取名"益加益公司"，有什么具体含义吗？

答：现代商业早已进入"产品+"时代，就是说你销售的产品要捆绑上你的服务和企业理念等。用户效益+社会效益＝益加益公司，这就是十几年来我们的执业理念。

四问：益加益集团作为回归企业，回归后创业情况如何？

答：古语道：树高千丈，落叶归根；倦鸟知返，游子思亲。我们可以选择去不同的城市发展我们的事业，可我们无法选择自己的故乡。一旦有所成绩，理当回报故里。

益加益公司积极响应政府"回乡建厂，支持家乡"的号召，在市、镇两级政府及各有关部门全方位支持下，"益加益公司产业园"顺利建成投产。

企业落户家乡后，可以放手一搏了。不仅成立了集团公司，经营项目由原来的粮油机械新增了新型装饰材料和环保水处理两大产业项目，为家乡增加了税收，安排了大批劳动力就业。

益加益公司正蓄势待发，信心百倍，大踏步朝着更高目标迈进！

本书推荐

奋斗的意义是什么？本书站在普通人的角度给出了答案，那绝不是躺平。"不想认命，就得拼命"，这是书者的心声，也是我想送给当下年轻人的箴言。

——中南财经政法大学教授、博导　邓爱民

全书语言朴实，但充满真知灼见。作者表达得很痛快，我读得也很痛快。

——中国国际贸易学会副会长　迟懿

剖析自己需要勇气，本书作者做到了！作为60后企业家的代表，从他的经历中不难窥见一个时代的缩影。作为同时代的创业者，我感同身受。

——科华控股股份有限公司董事长　陈洪民

作者的文字是充满诚意的，是能鼓舞人奋发向上的，值得一读。

——鲁迅文化基金会副秘书长　敖慈悦

　　我不知道有没有人能全息感知天边的山海云河是何模样，其间的生态又如何繁衍循环进化不息，但我知道我和我的祖国共处的时代历史大屏幕主题词是——苦难辉煌。在其背景下的碧山溃水间，乡邻黄运炎的自卷，以一种悲情苦难幸福昂扬的主旋律低吟浅唱出一首穷苦小百姓翻身逆命的动人歌谣。其余音无不彰显时代长风的煌煌轨迹，其精神也合于自强不息的熠熠明灯。

　　　　——作家、诗人、湖北安陆市文体局前局长、全国文化工作先进个人

　　　　　　　　　　　　　　　　　　　　　　　　　　　曹成海

N